EL AURA

Stefano Mayorca

EL AURA

© Editorial De Vecchi, S. A. 2019
© [2019] Confidential Concepts International Ltd., Ireland
Subsidiary company of Confidential Concepts Inc, USA
ISBN: 978-1-64461-949-0

Aurum

Destellos reflejos
en el resol.
Astillas de oro
en el infinito luminoso
que lleva a la mirada
el hálito vital,
el Numen inteligente
que se aloja en el hombre.
Reflejos del aura,
humano resplandor
que oculta el cíclico devenir.
El aurum hermético.

S. M. 1997

Índice

Introducción

Según la mayor parte de las tradiciones mágico-esotéricas, todos y cada uno de los seres vivos posee una especie de doble etérico, como una *vaina* de energía que irradia su mismo cuerpo: los ocultistas de la escuela teosófica de principios del siglo XX se ocuparon de este tema por extenso, así como los seguidores de la teoría de la fisiología sutil y, más en general y con enfoques diversos, casi todos los teóricos de la *New Age*, los cuales confieren a esta *vaina* el sugerente nombre de *aura*. El término, que proviene del griego (αὔρα), ha conservado en nuestra lengua el significado original de brisa, soplo de viento, perfume; se trata, pues, de una emanación perceptible por los sentidos aunque, al mismo tiempo, invisible. Claro está que visible para los clarividentes, quienes —al parecer— no sólo logran verla, sino que además deducen, por su aspecto y colores, aspectos importantes sobre la salud física, mental y afectiva de aquella persona a la que pertenece.

La idea, más bien antigua, de una envoltura sutil que envuelve todos los cuerpos materiales no puede separarse de otra, aún más universal, de un *espíritu* que anima el cosmos entero, conocido por la tradición mágica universal como *Spiritus Mundi* (Espíritu del Mundo). Acaso fue esta concepción la que inspiró al médico y curandero francés Franz Anton Mesmer (1734-1815), la teoría del magnetismo animal sobre la que basó sus estudios posteriores acerca del aura.

En 1779 publicó su obra fundamental *Memoria sobre el descubrimiento del magnetismo animal*, que suscitó una gran controversia y una oposición cerrada en los ambientes científicos oficiales. Puede resultar útil releer algunas de las páginas que escribiera este excéntrico masón del siglo XVIII a la luz de los resultados obtenidos por la psicoterapia y la bioenergética, así como los estudios del psicoanalista Wilhelm Reich (1897-1957) y todo aquello que ha podido comprobarse a través de la acupuntura y la pranoterapia (curación por la respiración):

Existe una influencia mutua entre los cuerpos celestes, la Tierra y los cuerpos animados. Un fluido que se difunde por doquier de manera uniforme, hasta el punto de no dejar nada vacío, cuya sutileza no admite comparación y que, a causa de su naturaleza, es susceptible de recibir, propagar y comunicar todas las impresiones del movimiento [...] Esta acción recíproca está sometida a unas leyes mecánicas desconocidas hasta hoy [...] El cuerpo animal acusa los efectos alternos de este agente, que se manifiesta de modo inmediato gracias a la leve estimulación de la sustancia de los nervios [...] La propiedad del cuerpo animal que lo hace susceptible a la influencia de los cuerpos celestes y de la acción recíproca de aquellos que lo rodean, que ilustra su analogía con los imanes, me ha inducido a llamarla mag-

netismo animal. *Este conocimiento pondrá al médico en disposición de evaluar en las mejores condiciones el estado de salud de un individuo, así como de preservarlo de las enfermedades a las que está expuesto. De esta forma, el arte de la curación alcanza su máximo grado de perfección.*[1]

En efecto, Mesmer aplicó sus teorías acerca del magnetismo animal en la práctica terapéutica, obteniendo ciertos resultados esperanzadores. Sin embargo, nunca logró convencer en el ambiente médico de su época, muy receloso al respecto.

Medio siglo después, el químico austriaco Karl Reichenbach (1788-1869) acometió su investigación en el mismo sentido, y con idéntico espíritu emprendedor. Así, en 1845 este autor sostuvo la omnipresencia de una energía vital y luminosa, a la cual llamaba *OD*, que envolvería todos los cuerpos existentes. El magnetismo mesmeriano no sería más que una de las posibles expresiones de esta energía vital.

Muchos otros autores, después de Mesmer y Reichenbach, han tratado de demostrar científicamente la existencia de un fluido vital inserto tanto en lo universal como en lo particular. Entre ellos, quizás el más célebre sea el ruso Sernion Davidovich Kirlian, un especialista en electricidad que en 1939 construyó un aparato —conocido por tal motivo con el nombre de *cámara Kirlian*— con el que, al parecer, se podía fotografiar unas radiaciones luminosas emitidas por los cuerpos, tanto orgánicos como inorgánicos. No obstante, y a despecho de su popularidad, el efecto Kirlian ha sido sometido a grandes críticas por parte de los denominados *círculos académicos*, en base a consideraciones de carácter estrictamente electromagnético, que descartan las deducidas de la física sutil que suponen los experimentos realizados con la cámara Kirlian.

En este orden de cosas, las aportaciones de la investigación parapsicológica podrían resultar fundamentales, tanto para la verificación de la existencia de las luminosidades postuladas por Reichenbach y otros estudiosos calificados de heréticos (las cuales, todo hay que decirlo, fueron defendidas durante milenios por los seguidores de la fisiología oculta, occidentales y orientales), como para desvelar los mecanismos bioenergéticos que permitirían percibir el *aura* a un número muy elevado de sensitivos, generalmente a través de la vista.

El problema puede estudiarse en clave puramente parapsicológica,[2] pero también esotérica, como a menudo sugieren, con cierto énfasis, los informes de los sensitivos. A pesar de limitarnos al papel de estudiosos y divulgadores, tendremos que examinar con atención estos informes, y transmitirlos al lector, con la esperanza de dar algún día con la clave que permita interpretarlos.

Los pioneros en definir conceptualmente el aura en cuanto tal y en clasificar sus diversos componentes en un esquema dotado de coherencia, aun cuando indemostrable, fueron —como se dijo anteriormente— los seguidores de la escuela más extendida de pensamiento esotérico del siglo XX: la Sociedad Teosófica. A decir verdad, su fundadora, la condesa rusa Helena Petrovna Blavatsky (1831-1891), al abordar la cuestión de los cuerpos sutiles eludió entrar en detalles: se limitó a revelar cómo mantenían conexiones con los estados de la conciencia, aunque no profundizó en el aspecto —que sin embargo admitía— de

1. *Dimensione magia*, Milán, 1984, vol. VI, pág. 1.363.

2. Véase la revista mensual *Il Giornale dei Misteri*, que desde hace más de veinte años se dedica a este tema, dentro de la tendencia que investiga sobre la fenomenología paranormal.

las estructuras bio-energéticas codificables anatómicamente.

Dos de los herederos espirituales más reconocidos de la condesa rusa, C. W. Leadbeater (1847-1934) y Annie Besant (1847-1933), optaron por enfatizar la experimentación a través de la clarividencia, afirmando abiertamente la realidad física o parafísica de una energía, que de forma ovalada, envolvería nuestro cuerpo material. Se trataría de un halo, cuya forma y colores revelarían de forma minuciosa nuestros pensamientos, sentimientos y emociones. Estos investigadores dedicaron en 1901 un breve ensayo a dicho tema, titulado *Las formas-pensamiento*, al que siguió, en 1907, una obra de mayor envergadura, escrita únicamente por Leadbeater: *El hombre visible y el hombre invisible*. Este libro incluía unas figuras que, con gran despliegue de detalles, ilustraban las formas y colores de las auras de los distintos tipos humanos y psicológicos según los percibe un clarividente experto.

En *Las formas-pensamiento*, el aura del hombre se define como la parte exterior de la sustancia nebulosa de sus cuerpos superiores, interpenetrándose unos con otros. Esta sustancia trasciende los límites del cuerpo físico, que es el más pequeño de todos.[3] De ello y de otros textos teosóficos, se deduce que hay dos cuerpos conectados con el aura: el *cuerpo etérico*, que cumple la función de distribuir con sentido el principio vital por las diversas partes del cuerpo físico, y el *cuerpo astral* o *anímico*, sede de las emociones y de los movimientos afectivos.

El tema del aura, como se intuye en esta breve presentación de la evolución de tal concepto, presenta múltiples facetas y puede ser abordado desde distintas perspectivas, cada una de las cuales conduce a múltiples filones de investigación: se va así del análisis antropológico al simbólico-esotérico, pasando por la epistemología de lo sagrado y los experimentos parapsicológicos.

Por todo lo dicho, no es difícil deducir la necesidad de avanzar en la indagación de nuestras capacidades mentales y bio-energéticas aún latentes: una exploración que nunca concluirá y que, quizá constituye la aventura más fascinante que pueda acometer la especie humana.

FULVIA CARIGLIA

3. C. W. Leadbeater-A. Besant, *Las formas-pensamiento*, Settimo Vittone (Turín), 1997, pág. 12.

Prólogo

El interés por el aura tiene un origen antiquísimo: el aura, o campo vital producido por el cuerpo etérico, era objeto de estudio ya en tiempos de la civilización egipcia y caldea. El cuerpo etérico, recordémoslo, se asocia con el físico y se caracteriza por su sutileza.

En Egipto, la concepción del cuerpo etérico, denominado *Ka*, constituía uno de los fundamentos —como atestiguan los papiros hallados en las tumbas de altos dignatarios de la corte y de los escribas— de la cultura religiosa de aquella época, custodiada por la casta sacerdotal al servicio del faraón.

Asimismo, otra civilización milenaria, la china, también se interesó y estudió la fuerza que desprende el cuerpo etérico, a la que llamaron *Qi*.

En época más reciente, el científico y psicoanalista austriaco Wilhelm Reich (1897-1957), una autoridad en el estudio de la energía vital, afirmó la existencia de una entidad cósmica primordial que condiciona la naturaleza y el comportamiento del hombre: la energía orgónica.

Así pues, el ser humano está compuesto de energía, mediante la cual interactúa con las manifestaciones naturales del planeta, como es el caso del magnetismo terrestre. El estudio de esta energía requiere una actitud libre de prejuicios: quien emprende esta senda, debe guiarse por una voluntad auténtica de búsqueda de la verdad, de forma que no se deje influir por abstracciones peligrosas. Bien es cierto que la superstición trata de imponerse al sentido común, adulterando la realidad y trasladando cualquier fenómeno natural a un plano sobrenatural; aun así, la tarea del investigador es apostar por la claridad, separando la verdad de lo que no lo es. Los hechos deben ser analizados con sensatez, espigándolos de cualquier superestructura, tal como desea el método científico.

El estudio del aura empieza con un análisis adecuado de las percepciones, que constituyen un puente ideal entre nosotros y las energías sutiles del campo vital. El aura —o, en otras palabras, las emanaciones del cuerpo etérico— determina la formación de las impresiones en el carácter de una persona, sus estados de ánimo y su ser más auténtico. Percibir e interpretar el aura implica comprender, en la medida de lo posible, las emociones humanas: captar si una persona adolece de mala salud, si está deprimida, hostil, es sincera, etc. Por otro lado, implica entablar comunicación con los valores universales de la humanidad y con el karma que caracteriza a cada individuo. De forma que interpretar el aura quiere decir también penetrar en el ánimo de una persona próxima y sintonizar con las vibraciones de su naturaleza más íntima y auténtica.

Este libro pretende ser una guía en un viaje que llevará al lector al mundo misterioso de los colores, de las microvibraciones y las ondas electromagnéticas: descubrirá las ondas cósmicas y su interacción con el aura y se adentrará en el reino oculto de las energías sutiles, donde los átomos son menos pesados y densos que en el reino físico; conocerá las técnicas respiratorias necesarias para recuperar —mediante la acumulación de energía pránica— la energía áurica perdida; aprenderá a distinguir el campo etérico del aura vital, y a percibir la vasta gama cromática que la caracteriza; poco a poco, se irá familiarizando con la fisiognómica áurica, el estudio de los caracteres somáticos y los rasgos del individuo, y será capaz de percibir, con la práctica constante y con el tiempo, cuál es el color del aura de una persona sólo con mirarla.

El estudio del aura puede abrirnos las puertas para descubrir verdades sorprendentes acerca del origen del ser humano, las cuales, en su complejidad, quizá siguen siendo el misterio más difícil de desvelar, ya que forma parte del cosmos y es el resultado de una evolución cuyos principios estamos lejos de conocer. La investigación áurica también constituye un instrumento de búsqueda interior, fundamental tanto para el hombre moderno como para los antiguos. Así, para la civilización griega la importancia de esta búsqueda era tal que en el frontón del templo de Apolo en Delfos se podía leer la siguiente inscripción: «Conócete a ti mismo». Esta investigación ayuda al hombre a proyectar luz sobre los secretos que anidan en su pecho, contribuyendo a determinar el camino que debe recorrer en su existencia.

Sin embargo, el propósito principal de este libro es aproximar al lector al mundo de las energías sutiles, guiarlo con simplicidad en su investigación áurica, orientarlo a convertirse él mismo en un experimentador activo. Naturalmente, los resultados serán proporcionales al esfuerzo y la capacidad de cada cual. Todos podemos alcanzar el éxito, en función de nuestras aptitudes y el grado de perfección espiritual alcanzado. En este campo —como en muchos otros de la vida—, todo requiere esfuerzo y trabajo continuado y, en ocasiones, duro. Quien posea la constancia de trabajar con afán y conserve la pasión por el tema, alcanzará resultados nada desdeñables. Sea como fuere, el estudio del campo vital provocará en el lector un refinamiento de la sensibilidad que le permitirá desarrollar, en armonía con su personalidad auténtica, algunos aspectos esenciales de su carácter. Al final de este *viaje*, el lector se descubrirá más rico interiormente, lo que no es poca cosa en una época en la que la sociedad parece haber perdido de vista los valores que realmente importan en la vida.

El campo etérico

Todos los objetos de la creación (plantas, animales, rocas, vegetación, lagos y ríos) están impregnados de una energía que tiene la propiedad de proyectarse tanto en la materia como en el vacío cósmico. Esta energía es la misma que invade todo el Universo el cual, de hecho, se halla inmerso en un océano de ondas magnéticas que lo envuelven y atraviesan. Wilhelm Reich, ya entonces colaborador de Freud y autor de la teoría de la energía orgónica (energía vital), hablaba a este respecto de una «energía cósmica vital», que describía con las siguientes palabras:

La energía cósmica es de color azul, verde-azul o gris-azul, y en ocasiones tiende al violeta.

(W. REICH, *La revolución sexual*)

La energía etérica en el hombre

También el ser humano está empapado de la energía cósmica y, como los demás elementos de la creación, se encuentra inmerso en el flujo energético vital. Aun así, hay que decir que no sólo el cuerpo humano recibe esta energía cósmica, sino que a su vez se convierte él mismo en fuente de energía radiante: su fluido vital se manifiesta como un halo luminoso fluorescente, de un color azul pálido o verde-azul, cuya intensidad depende de los estados de ánimo y de las sensaciones que en ese momento concreto atraviesan su espíritu. El halo luminoso se debe a la *energía* radiante, o *eté-rica*, que se proyecta desde la fuente (*cuerpo etérico*) en todas direcciones.

Sucede que cuando dos personas se aproximan, cada una de ellas percibe una especie de hormigueo o, mejor dicho, una descarga vibratoria. Esto es así porque la energía radiante (o energía etérica) que emite el cuerpo registra fielmente todo lo que ocurre alrededor de su núcleo, y el cuerpo de la otra persona percibe su energía, aun antes de entrar en contacto con él.

La energía etérica es como un campo magnético que envuelve el cuerpo humano y que protege el halo luminoso, al que se suele definir del siguiente modo: «una especie de vaina que custodia el núcleo del aura vital» (en realidad, como veremos, el aura trasciende los límites del cuerpo etérico, por lo que resulta exterior a la vaina).

Podemos afirmar que la envoltura energética que circunda el cuerpo físico tiene un grosor aproximado de un milímetro; sólo en casos excepcionales alcanza, en algunas personas, hasta doce centímetros, y puede dar la medida de la vitalidad de esas personas. Su intensidad también es variable, tanto en el decurso del día como en función de nuestro estado de ánimo. Por ejemplo, por la noche se hace más tenue, ya que durante la fase de sueño profundo el cuerpo tiende a aliviar las tensiones y relajar los músculos. Esta envoltura, o vaina, sigue con una precisión asombrosa la forma anatómica del individuo al que pertenece y puede presentar, en

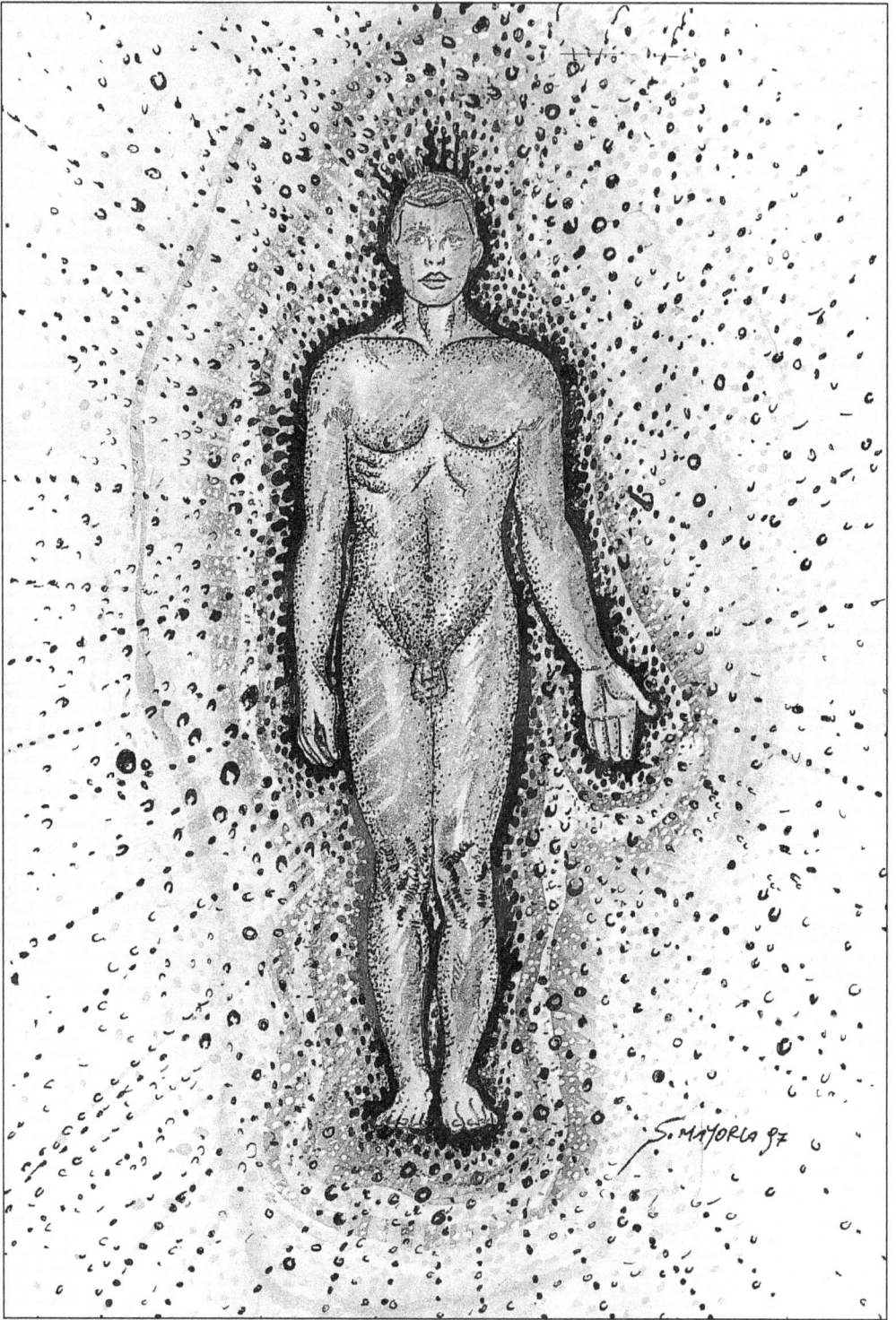

El cuerpo etérico humano

ciertas condiciones, una caracterización cromática: por ejemplo, sometiendo el cuerpo físico a una diferencia de potencial eléctrico de unos voltios, la envoltura de energía etérica adopta una coloración que tiende hacia el color rosa o, en ocasiones, hacia el color azul.

El campo etérico circunda no sólo el cuerpo humano, sino también los objetos en general: así, en ciertas condiciones atmosféricas, puede observarse por la noche en mar abierto una especie de fosforescencia azulada alrededor de los mástiles de los barcos. Los marineros llaman a este fenómeno *fuego de san Telmo*.

El cuerpo etérico, recordémoslo, reproduce en términos de energía sutil, la figura humana o el objeto al que envuelve, protegiendo con su estructura el núcleo del aura.

El aura: energía vital interior

Además de la envoltura energética que circunda el cuerpo del hombre, es preciso hablar del aura que —como la propia envoltura— es de naturaleza magnética. Sin embargo, el aura tiene una connotación no sólo magnética, sino también cromática. Así, el aura se asocia con la energía vital interior que atrae o rechaza, infunde alegría o desencadena violentas pasiones. Podríamos definirla como la fuerza motriz del alma, o como una emanación etérea del cuerpo.

El aura está en estrecha relación con el poder volitivo del hombre, por lo que constituye el fundamento de todos los fenómenos paranormales: a través de ella se pueden acometer empresas extraordinarias, bajo el dominio de la voluntad. Podríamos comparar el aura con una pila voltaica que genera una corriente eléctrica que, a su vez, produce un campo magnético, capaz de atraer la energía vital como si la respirase (aura significa también *respiración*). Esta energía se denomina *prana*. Es la energía natural del planeta y aumenta sensiblemente con la radiación solar.

Respiraciones áuricas

La circulación del prana es fundamental para el bienestar del organismo. El aura es la emanación de los procesos metabólicos internos del organismo humano y, por tanto, es el resultado de las transformaciones químicas que presiden la renovación energética del organismo mediante la respiración. Cuando respiramos, las moléculas de oxígeno interactúan con las energías cósmicas, a las que se ha hecho referencia en el capítulo anterior, como si absorbieran vida. La respiración es una función fundamental para el aparato físico-etérico y resulta esencial para la regeneración áurica, así como para la eliminación de las toxinas acumuladas. Inspirando, se almacena energía vital; espirando, se eliminan los residuos tóxico-pránicos.

Hay que decir que la inyección de aire en los pulmones suele ser una acción automática, mientras que los procesos de acumulación pránica requieren un estado de vigilancia consciente. El control de la respiración —y, por tanto, del sistema nervioso— permite la recarga de energía vital: una persona adiestrada en las técnicas respiratorias no almacena oxígeno, sino prana. El oxígeno es el vehículo mediante el cual el prana penetra en el organismo, aunque cuando espiramos, el prana permanece en el sistema áurico: lo que expulsamos es únicamente materia inerte y tóxica.

Respirar conscientemente posee, pues, una enorme importancia para recargar el cuerpo y el campo áurico, para reequilibrar su aura vital y conjurar cualquier disonancia interior: sin equilibrio y armonía, muy poco podremos hacer contra las insidias que provocan el caos espiritual. El objetivo de quien aspira a la perfección física, mental y espiritual debe

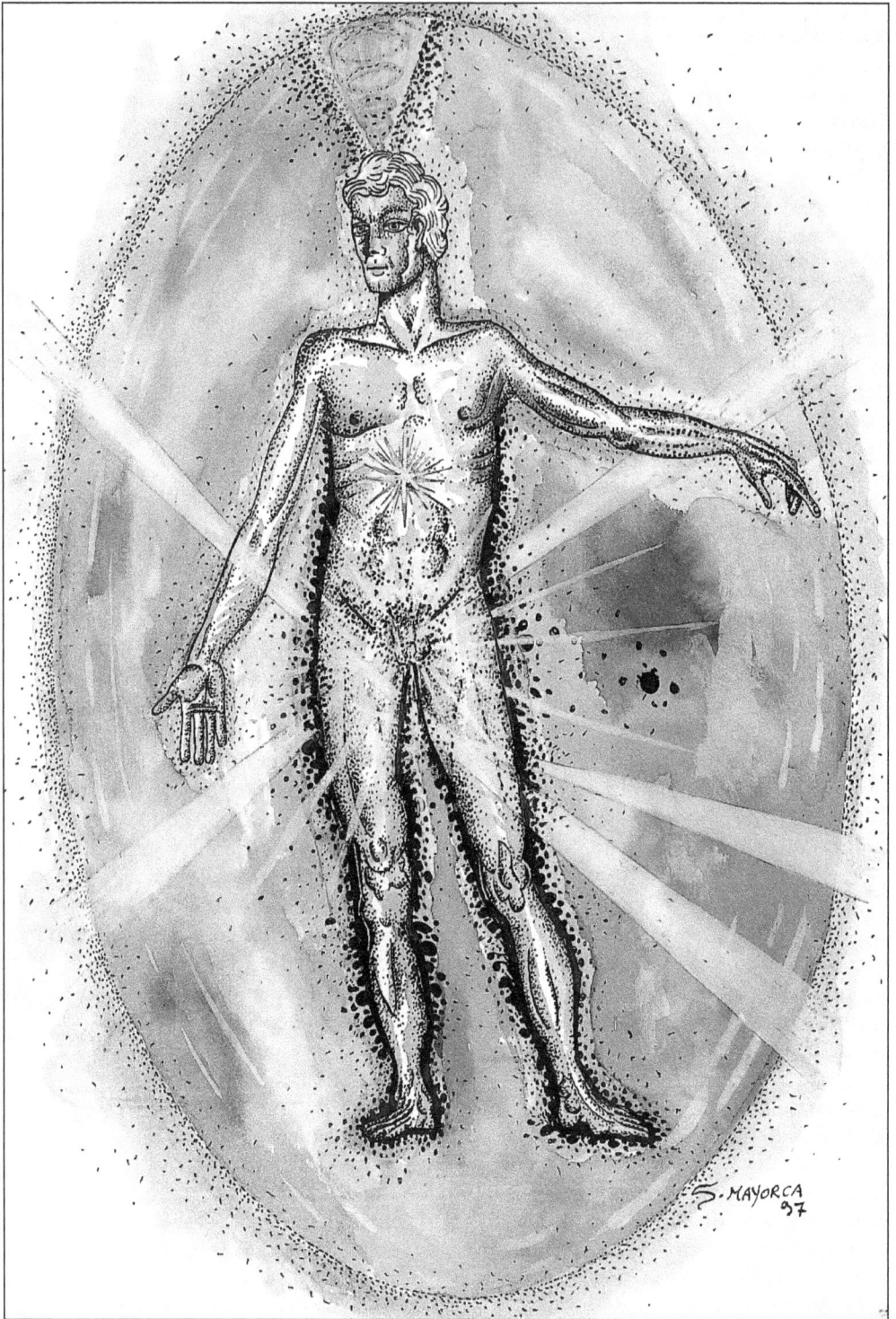

Aura vital de una persona cuyo estado de salud es bueno

ser, por consiguiente, el restablecimiento de las energías interiores.

La reposición energética del campo vital áurico —variable en función de los estados de ánimo— es uno de los aspectos clave de este libro. Consideremos, por ejemplo, una persona que se sienta deprimida: este estado negativo se transmite inevitablemente a su cuerpo etérico el cual, a su vez, lo transfiere al aura, provocando una disminución de su intensidad y una reducción de su volumen. Como consecuencia, se producirá un debilitamiento tanto de la energía vital como de la emanación luminosa, que con el tiempo se volverá opaca. Nuestro campo áurico es, comparado con el etérico, muy sutil, pues mientras este último sigue el contorno del cuerpo y lo recubre, el aura se separa de él para formar una *concha ovalada*. Por ello es preciso proteger el campo áurico.

TÉCNICAS RESPIRATORIAS

• Primera técnica respiratoria

Esta técnica respiratoria es muy antigua y hunde sus raíces en la tradición taoísta del yoga chino.

Nos sentaremos en el centro de una estancia, a ser posible tranquila (el dormitorio, el salón, un despacho), en posición erguida y con los brazos sobre los costados. Nos relajaremos. Empezaremos a respirar lentamente, contando mentalmente hasta seis; al hacerlo, hincharemos el tórax. A continuación, espiraremos contando hasta ocho y expulsaremos todo el aire de los pulmones. La espiración debe ser más larga que la inspiración, para facilitar la expulsión total de las toxinas. Durante ambas fases respiratorias, es importante mantener un ritmo lento y constante. Intentaremos fundirnos con nuestra respiración, siguiéndola mentalmente y concentrándonos en el aire en las fases de inspiración y espiración. Debemos pensar que estamos almacenando energía pránica o, si lo preferimos, energía vital o universal: el nombre no es importante pues, con independencia de este, la energía del universo es única.

Al concluir el ejercicio, sentiremos calorcillo en todo el cuerpo, bienestar, aumento de la energía y ausencia total de nerviosismo. Conviene practicar este ejercicio dos veces al día: realizaremos el primer ciclo de respiraciones por la mañana y el segundo, a primera hora de la tarde, cinco minutos cada vez.

• Segunda técnica respiratoria

Tras la respiración energizante o, como se la ha denominado, *respiración de fuego*, analizaremos ahora otro tipo de regeneración áurico-respiratoria. A decir verdad, esta técnica es similar a la anterior, aunque con una variante: la retención del aire. La posición es la misma a la descrita. Relajados, inspiraremos lentamente hinchando el tórax y contando mentalmente hasta seis. Luego, contendremos la respiración contando hasta tres.

Mientras retenemos el aire en los pulmones, trataremos de percibir la energía que circula a la altura del centro radiante activo, o sea, en la zona abdominal central, en el ombligo. Es importante percibir un intenso calor en la zona umbilical que, gradualmente, se difunde por todo el cuerpo. Ahora, espiraremos contando hasta diez, con un ritmo lento y constante, haciendo bajar las costillas.

También en este caso, la espiración es más larga que la inspiración, por los motivos ya comentados.

• Tercera técnica respiratoria

La tercera técnica de respiración, con acumulación pránica de energía vital, incluye la visualización de una imagen mental que potencia los beneficios del ejercicio.

La posición del cuerpo es la misma. Como siempre, trataremos de relajarnos lo máximo posible, y empezaremos a inspirar lentamente, contando mentalmente hasta seis e hinchando el tórax. Luego, contendremos la respiración y volveremos a contar hasta cuatro. Ahora, visualizaremos una luz dorada que se libera del ombligo, formando un remolino de energía. Al mismo tiempo, sentiremos un calor intenso que, partiendo del ombligo, se extiende por todo nuestro cuerpo. Espiraremos lentamente, contando hasta diez y bajando las costillas.

La práctica respiratoria que acabamos de describir es realmente eficaz. Nosotros mismos la aplicamos desde hace años y podemos garantizar que, si se utiliza de manera constante, puede fortificar el aura, armonizar el conjunto del sistema nervioso, conferirnos serenidad y aumentar notablemente la aportación de energía vital al campo áurico-etérico.

El magnetismo del aura

Ya hemos visto cómo el aura —que podríamos definir como un *fluido humano*— está formada por una materia sutil, de naturaleza magnética, que interactúa con el magnetismo terrestre (que orienta la aguja de la brújula). Por esta razón, el campo magnético puede influir en el hombre, tanto física como psíquicamente. Recordemos que las ondas del campo magnético terrestre atraviesan la Tierra entera, a los seres humanos, los animales, las plantas y, en general, a todos los seres.

Los sentimientos que el cuerpo animal (el cuerpo humano, en este caso) expelen como materia, en forma de partículas orgánicas (moléculas) y como pensamiento, contribuyen a formar el aura. El perro, que está dotado de un sentido del olfato muy desarrollado, es capaz de percibir la exhalación áurica; para el hombre, esto es más difícil. Únicamente ciertas personas particularmente dotadas logran percibir el efluvio del aura; en ciertas condiciones, también las personas corrientes pueden detectar el efluvio de su propio cuerpo áurico, si bien no el de otras personas. Nosotros estamos en contacto permanente con otros seres humanos gracias al flujo de moléculas que se desprende de nuestro cuerpo, el cual establece una especie de sintonía más o menos intensa con otras personas, con la armonía consiguiente en el diálogo y en las relaciones cotidianas. Es posible también que un cuerpo más cargado de energía magnética pueda hacer precipitar (como se dice en el lenguaje químico) ese flujo de moléculas en forma de una niebla tenue.

El magnetismo animal, especialmente el del hombre, que en muchos aspectos constituye un misterio aún por resolver, es expresión de la energía universal, como la electricidad, la luz, el calor y el sonido. Las auras humanas se atraen y se repelen como imanes: así se explica que surjan fobias y filias irracionales, sin motivo aparente. Si alguien está especialmente provisto de energía áurica, su fluido puede someter con enorme facilidad la voluntad de aquellos que poseen una emisión más débil: esto explica por qué ciertas personas ejercen una especie de fascinación sobre las personas que las rodean. Esta fuerza nerviosa, que en ciertas ocasiones puede exteriorizarse y canalizarse, y que puede llegar a interactuar con gran eficacia con la mente de las personas, no es más que la fuerza del aura humana. Añádase el hecho de que la emanación áurico-molecular transporta no sólo lo que nos caracteriza estrictamente a nosotros mismos, sino también las manifestaciones de las fuerzas macrocósmicas (por ejemplo, el magnetismo) que nos atraviesan. Estas manifestaciones, combinadas con nuestras energías particulares, que son humanas pero de la misma naturaleza que las energías terrestres, producen un campo de fuerzas activas que la voluntad puede orientar y dominar.

El fundamento biológico del aura

Los auténticos curanderos logran incidir, directamente o a distancia, sobre la parte afectada por la enfermedad utilizando generalmente el campo combinado del aura personal y de la energía universal. El flujo energético del aura puede manar de los ojos, de la frente o de las manos: en el caso de un tratamiento terapéutico directo, las manos son el instrumento principal (pranoterapia áurica). El flujo de energía terapéutica se manifiesta como una brisa ligera y muy fresca; no hallamos palabras más apropiadas para describir la naturaleza de la energía áurica que mana de las palmas o de la punta de los dedos.

Otro método terapéutico recurre únicamente a la energía cósmica, sin utilizar la energía magnética personal del terapeuta, cuyo cuerpo, en este caso, se convierte en una especie de aparato receptor-transmisor.

En cualquier caso, es preciso que el terapeuta se encuentre en un estado de receptividad susceptible de atraer la energía cósmica universal, que debe penetrar primero en su organismo para luego ser transferida al de la persona sometida a tratamiento. Así, su organismo se convierte en un instrumento capaz de absorber y transferir la energía del universo: esta transferencia discurre desde el centro áurico del terapeuta hacia el aura vital del paciente.

La energía se transfiere como movimiento vibratorio oscilante: todo el Universo, visible e invisible, está regulado por un movimiento vibratorio, y las mismas células que componen el cuerpo humano no son, desde esta perspectiva, sino circuitos oscilantes. La célula está compuesta por un núcleo y una membrana celular. El núcleo, a su vez, está revestido por una *membrana nuclear*, una fina película que la envuelve, de 280 ángstrom de grosor (el ángstrom es una unidad de medida de longitud, equivalente a una cienmillonésima parte de centímetro; su símbolo es Å), que externamente presenta una carga eléctrica positiva. La membrana celular, por contra, tiene un grosor de 80 Å y posee, en su lado externo, una carga eléctrica negativa. La membrana celular y la nuclear desarrollan conjuntamente la función de armazón de un condensador eléctrico (el condensador es un sistema de dos conductores, o armazones, separados por un material aislante, en cuyo interior se establece un campo eléctrico en el que es posible acumular una carga eléctrica proporcional a la tensión aplicada en ambos armazones). En realidad, la propia célula no es más que un condensador microscópico.

A su vez, un condensador conectado a un inductor (circuito en cuyo interior se establece un campo magnético), constituye un circuito oscilante: sin abundar en los detalles técnicos, podemos afirmar que las células del cuerpo humano presentan no sólo las características del condensador, sino también las del inductor. Las células, pues, son circuitos oscilantes que pueden emitir y recibir señales de carácter electromagnético.

Por lo tanto, el aura es un campo electromagnético natural de origen biológico. Este campo se manifiesta en forma de fuerza radiante emanada por el cuerpo humano: un conjunto de proyecciones luminosas —por ejemplo, rayos de luz que salen por la punta de los dedos— cuyos colores son un indicador del estado de salud, los sentimientos y los desequilibrios de una persona, así como de la potencialidad de la propia aura. La oscilación energética del organismo, o movimiento neuroeléctrico (energía nerviosa electromagnética), se revela como una emisión constante de energía nerviosa a bajo potencial hacia el aparato áurico; esta energía se genera en el cuerpo durante la inspiración, por medio de impulsos neuroeléctricos.

Operar sobre el campo electromagnético de la materia equivale a trabajar sobre la propia materia. Así se explicarían curaciones sorprendentes conseguidas por *magnetizadores* (personas particularmente dotadas de fluido magnético) o, muy a menudo, debidas al magnetismo generado por el propio paciente.

El organismo humano, al igual que una dinamo, genera constantemente energía neuroeléctrica, radiante y oscilatoria. En este sentido, resultan de gran interés los estudios realizados por Carl Reichenbach, un químico austriaco nacido en Stuttgart en 1788 y muerto en 1869. Reichenbach estudió el magnetismo natural y, en particular, una fuerza magnética que denominó OD o fuerza ódica (energía natural magnética), que se asocia con cualquier clase de materia, bruta u organizada, y que impregna todo el universo. Reichenbach, al observar y analizar las facultades de los sensitivos, estableció que son capaces de percibir, a oscuras, la luminiscencia que emana directamente de los objetos: una especie de halo luminoso muy similar a la radiación áurica. Prosiguiendo con su experimentación, Reichenbach determinó que los sensitivos son capaces de captar la influencia de los polos de los imanes naturales: el polo magnético positivo desprende una sensación de frescura muy agradable, mientras que del polo negativo emana una sensación de calor desagradable. Además, el polo positivo se presenta rodeado por un aura azul y el negativo, de un aura amarillo-rojiza, casi naranja.

Los estudios de Reichenbach influyeron de manera decisiva sobre las investigaciones con la cámara Kirlian, de la que hablaremos más adelante. El científico austriaco, en base a otros experimentos, estableció además que tanto los órganos como los miembros del cuerpo humano desprenden radiaciones luminosas de distintos colores, que dependen del estado de salud de la persona: el propio cuerpo se manifiesta como un imán, puesto que la parte derecha (positiva) desprende una luz azul, mientras que de la parte izquierda (negativa) emana una luz rojo-amarillenta.

Estos resultados han demostrado que el ser humano posee un aspecto no material, energético, que se manifiesta a través del aura vital y de la polaridad de las partes izquierda y derecha del cuerpo. El aura, pues, es una realidad concreta, aunque perteneciente a los planos sutiles del ser; el hecho de que no todos sean capaces de percibirla no significa que no exista. De igual manera, las ondas electromagnéticas que se emplean en las radiocomunicaciones —las ondas hertzianas largas, medias y cortas— son invisibles, y aun así existen, pudiendo ser captadas con aparatos adecuados. Asimismo, el magnetismo terrestre no es visible, y en cambio orienta la aguja de la brújula hacia el norte magnético, que coincide con gran precisión, como es bien sabido, con el polo norte del eje de rotación terrestre. Por no hablar de los ultrasonidos, que no son percibidos por el oído humano y sí por los animales, dotados de un aparato auditivo más sensible.

No todo lo que escapa a los cinco sentidos humanos debe ser considerado irreal. La radioactividad, por ejemplo, influye (de manera en ocasiones letal) sobre el organismo: no puede verse, pero es real y se mide mediante el contador Geiger. Inventado en 1913, este contador está formado por una cámara de ionización sensible a la presencia de partículas atómicas cargadas eléctricamente. Cuando una partícula penetra en la cámara, el gas que esta contiene se ioniza, lo cual provoca una descarga que activa un circuito externo, constituido por un amplificador y un contador de impulsos eléctricos. El número de impulsos registrados es proporcional a la radioactividad del ambiente.

Existen también contadores de partículas elementales, utilizados para el estudio de los rayos cósmicos, compuestos asimismo por partículas cargadas de electricidad, procedentes del espacio interestelar. Los rayos cósmicos son parcialmente absorbidos por la atmósfera terrestre y no pueden llegar hasta la tierra. Aun así, una parte supera la resistencia de la atmósfera (radiación cósmica secundaria) y alcanzan nuestro planeta, impregnando a todos los seres e interactuando con el organismo humano. Los rayos cósmicos tampoco son captados por los sentidos del hombre, pero su existencia está perfectamente demostrada.

Hay que hablar además de los rayos infrarrojos, los ultravioleta, los rayos alfa, beta y gamma, los rayos X (descubiertos en 1895 por W. C. Röntgen): la lista podría continuar, aunque con los ejemplos señalados bastará para demostrar que existe un mundo paralelo al que perciben los sentidos humanos, compuesto de materia *sutil* (mientras que el mundo sensible está formado por materia *pesada*). El hombre también está compuesto por dos estados, uno pesado y otro sutil, que participan en la formación del hombre universal.

Igual que mediante aparatos específicos se puede manifestar la existencia de ciertas formas de energía que forman nuestro planeta, también la investigación acerca de la estructura del aura vital se vale de *medios específicos* capaces de hacer visible tal emanación. Cuando Reichenbach afirmó, con ayuda de sensitivos, que el hombre está compuesto tanto de materia como de energía, empleó unos instrumentos de análisis específicos, pero humanos. Al igual que ocurre con los contadores Geiger, los sensitivos poseían la facultad de percibir e incluso ver ciertas fuentes energéticas, como en el caso de los experimentos con imanes. Los resultados de los estudios del brillante investigador austriaco aparecen en su libro *Letters on OD and magnetism*, publicado en 1852, donde, entre otras cosas, describe el método empleado para establecer el grado de sensibilidad de los sujetos sometidos a sus experimentos: sólo se consideraban idóneos aquellos que, al tocar un cristal, no sintieran frío, sino que fueran capaces de visualizar un *humo* de color rojo-amarillento.

Quien, actualmente, emprende este tipo de investigación —que aún no puede darse por concluida— debe transformarse también en un auténtico aparato receptor, con objeto de ver y sentir aquello que normalmente escapa a los cinco sentidos. Nuestros lectores podrán adquirir, mediante los ejercicios que describimos a continuación, la capacidad de desarrollar esta parte sensitiva que yace adormecida en su subconsciente. Tras sacar a la luz esta parte sensitiva, el lector podrá activar además las facultades superiores que posee, en función del grado de perfeccionamiento espiritual alcanzado.

Por último, queremos hacer una breve referencia a la emanación del campo etérico. El cuerpo físico del ser humano y el cuerpo etérico están unidos de manera indisoluble, si bien vibran en planos diferentes y los átomos que los componen difieren en densidad. El campo etérico que, como vimos, es de naturaleza electromagnética, permite la continuación de la vida individual, a despecho de la muerte continua de células del cuerpo físico: por ejemplo, las células del hígado se renuevan por completo cada 10 días; las del cerebro, cada 158 días. En el organismo humano hay millones de moléculas proteínicas que se forman, mueren y se renuevan continuamente tal como eran al principio.

Las sustancias que componen nuestro cuerpo se consumen sin cesar, las células muertas son expulsadas, y nuevas sustancias entran en la composición del organismo, permitiendo la reconstrucción de las estructuras eliminadas. Así pues, el cuerpo humano posee un extraordinario mecanismo que le permite conservar íntegra su forma: todo ello se debe al *campo vital* asociado al *cuerpo etérico*, al que podemos considerar como el equivalente ligero del cuerpo físico, matriz indispensable para la reconstrucción de la materia que se renueva constantemente en el cuerpo físico.

LA ENERGÍA ES ALGO CONCRETO

Se equivocan quienes (algunos desde las filas del movimiento de la *New Age*) sitúan el cuerpo etérico y el aura vital en un plano exclusivamente místico y espiritual. Este aspecto, sin duda, posee la misma importancia que el científico, aunque se debe aclarar que la emanación áurico-etérica es sustancialmente material, aun cuando no pueda percibirse únicamente por medios humanos (los sentidos); una materia, por muy sutil que sea en comparación con la física, sigue siendo materia. Pero no por ello hay que descuidar la vertiente espiritual: es más, nosotros la abordamos en el capítulo «El cuerpo de luz: aspectos áuricos espirituales» (véase página 117). Por tanto, debemos evitar, sobre todo al iniciar la investigación en el ámbito de las energías sutiles, conferir mayor importancia al aspecto científico, o viceversa, al estrictamente espiritual. La ciencia y el espíritu deben fundirse en una unidad, con la armonía universal que regula la creación como telón de fondo.

Los colores del aura y los fenómenos cromáticos etéricos

Abordaremos en este capítulo un tema comprometido y fascinante: el de la caracterización cromática del aura. El aura vital puede presentar un número incalculable de colores, que se combinan entre sí fundiéndose y creando nuevas tonalidades, las cuales, a su vez, se descomponen y combinan para formar colores inéditos. En esta paleta áurica, hay unos colores más importantes que otros, hasta el punto de ser considerados fundamentales, como veremos más adelante. Antes de profundizar en esta cuestión, hay unos que referirse a un experimento de gran importancia, llevado a cabo en 1939 por el matrimonio Kirlian.

Semion Kirlian era un autodidacta, técnico en electrónica, empleado en el hospital de Krasnodar (Rusia), donde vivía con su esposa, Valentina, en un pequeño piso. Utilizando el material que podía encontrar en el hospital (era el encargado de mantenimiento del mismo), y aplicando sus conocimientos, Semion construyó un singular dispositivo para fotografiar el efecto de un campo eléctrico de alta frecuencia, aplicado a un objeto cualquiera. El primer objeto que fotografió fue su propia mano y al revelar la placa, comprobó con estupor que, en torno a la sombra oscura de su mano, se veía un halo que brotaba de la punta de los dedos. Animado por este resultado, prosiguió con sus experimentos en colaboración con Valentina. Poco a poco, el matrimonio Kirlian perfeccionó tanto el instrumental como las técnicas de fo-

tografiado, trabajando con una gran cantidad de motivos, tanto vivos como inanimados.

Los resultados de esta investigación fueron, como poco, sorprendentes: la fotografía de una hoja recién cortada mostraba un aura luminosa a su alrededor, cuya superficie estaba formada por una miríada de puntos luminosos. Pocos días después, fotografiada cuando ya empezaba a marchitarse, presentaba un aura más opaca, mientras que la mayoría de los puntos habían desaparecido.

Un objeto inerte, como una moneda por ejemplo, mostraba por contra un halo pálido, sin puntos de luz. Hay que destacar los experimentos realizados con seres humanos: la mano de una persona saludable presentaba una vívida luminiscencia, mientras que la de un enfermo era turbia y oscura.

Los seguidores de Kirlian fotografiaron una hoja recién cortada, le arrancaron un trozo y la volvieron a fotografiar mutilada. Resultó que la segunda imagen era idéntica, excepto en un detalle: a la altura de la parte arrancada, se vislumbraba una hoja *fantasma*, en otras palabras, un aura de luz pálida que reproducía exactamente los contornos de la hoja antes de la mutilación.

Los Kirlian siguieron con sus trabajos tras la segunda guerra mundial y, progresivamente, adoptaron el uso de las películas en color. En 1960, recibieron una pequeña subvención gubernamental en reconocimiento a su tarea. Así, por

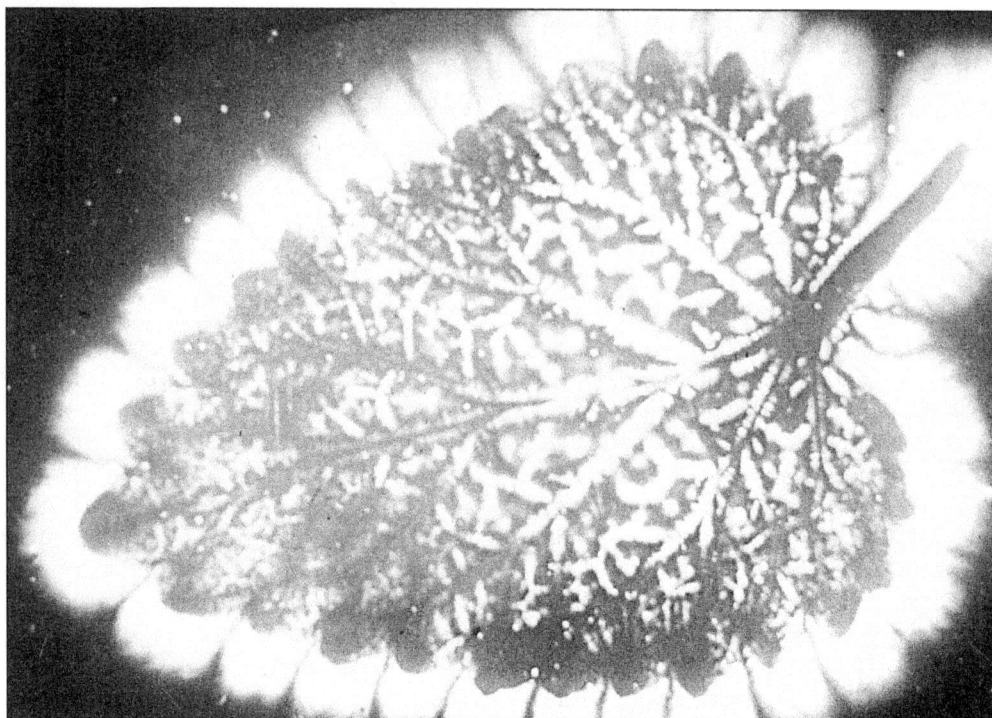

Fotografía de una hoja recién cortada

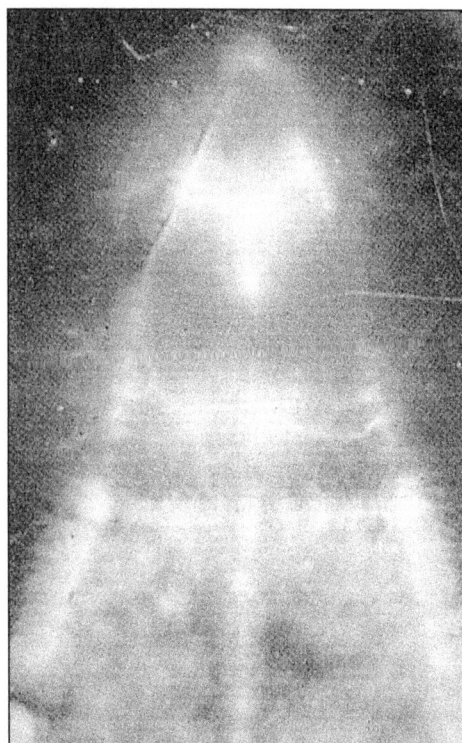

fin se revelaba el interés de las imágenes bioluminiscentes de los Kirlian, quienes acaso habían descubierto una nueva forma de energía. ¿O tal vez no habían logrado fotografiar el aura vital? Esta y otras preguntas se formulaban sus numerosos seguidores. Antes de responder, así como de exponer nuestra opinión al respecto, debemos aclarar algunos puntos.

En Estados Unidos, la experimentación de los Kirlian suscitó un notable interés en diversos ambientes. Especialmente, Stanley Krippner y William Tiller, profesores del departamento de Ciencia de los materiales de Standford,

Fotografía de una hoja amputada en la parte apical, realizada con la cámara Kirlian: la impresión de la emulsión fotográfica no corresponde a la luz, sino al aura de la parte ausente

organizaron un congreso sobre este tema, titulado «Conferencia del Hemisferio Occidental sobre la fotografía Kirlian, la acupuntura y el aura humana». Gracias a esta iniciativa, numerosos investigadores pudieron exponer sus experiencias. E. Douglas Dean, por ejemplo, fotografió las manos de una curandera, de forma que en la imagen no sólo se percibía la corona de luz alrededor de sus dedos típica de los sanadores sino que, si pensaba intensamente en uno de sus pacientes, esta palpitaba.

Otra intervención de interés fue la de la psicóloga Thelma Moss, quien desde hacía tiempo se dedicaba al estudio del fenómeno Kirlian: expuso el caso de un sujeto que presentaba una luminiscencia variable, del celeste al rojo. Esto se daba siempre que se modificaba su estado de ánimo, sobre todo al enfadarse.

A pesar del interés que habían despertado las fotografías bioluminiscentes en

La mano de la curandera Olga Worrall, fotografiada por E. Douglas Dean con la cámara Kirlian

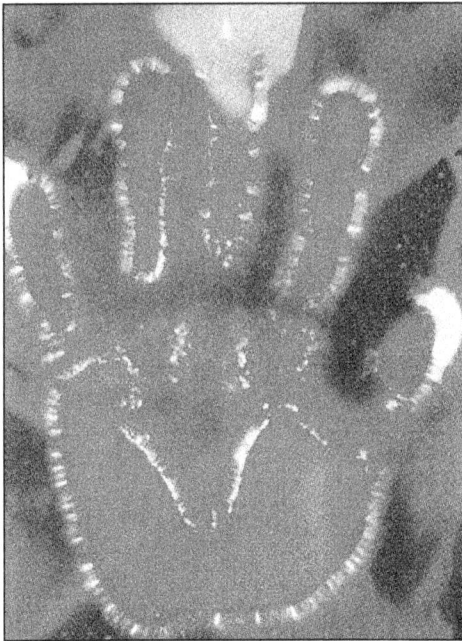

los ambientes científicos, el 15 de octubre de 1976 la revista *Science* publicó un artículo en el que se afirmaba que el efecto Kirlian podía ser explicado a partir de la emisión de «corrientes parasitarias» inducidas directamente sobre la emulsión fotográfica, y no del objeto fotografiado, por lo que nada podía decirse acerca de este.

Trataremos ahora de formular alguna conclusión. Ante todo, hay que reconocer que el trabajo de los dos investigadores rusos constituye una aportación fundamental al estudio, aún en curso, de las energías sutiles y el campo vital. En la actualidad, el horizonte científico del estudio del aura vital se ha ampliado considerablemente, en parte gracias a la documentación fotográfica facilitada por el matrimonio Kirlian.

Aun así, ¿qué demuestran exactamente las fotografías obtenidas mediante la cámara Kirlian? Para responder adecuadamente, tenemos que retroceder un tanto. El lector recordará que, al principio de este libro, hemos explicado que la energía etérica, en condiciones atmosféricas especiales, puede verse a simple vista. Uno de estos fenómenos, como dijimos, es el que los marineros conocen con el nombre de *fuego de san Telmo*. Se trata de un hecho similar a los conocidos fuegos fatuos, que se dejan ver en los cementerios: son como llamitas que salen del suelo y que generan una luminiscencia de gran efecto, una especie de niebla azulada que ilumina débilmente la zona donde se acumula la energía etérica. Los fuegos fatuos se deben a la materia sutil que constituye la parte material del aura vital y del cuerpo etérico; la esencia del aura (o sea, su parte espiritual), en cambio, es invisible. Afirmar que esta emanación espiritual, íntimamente conectada con el alma del hombre, puede verse es inexacto: resulta inasequible, ya no a las personas sensitivas, sino incluso a cualquier aparato. Sería tanto como pretender fotografiar a Dios. Las fotografías de los Kirlian, pues, no representan el alma del hombre o su principio vital, según afirman algunos investigadores, médiums y sensitivos, sino que muestran la energía irradiada por el cuerpo humano, o campo etérico-vital: es la radiación electromagnética que se libera del cuerpo, visible incluso a simple vista en determinadas condiciones. Esta energía continúa irradiándose durante cierto tiempo, incluso tras una eventual amputación; piénsese, por ejemplo, en las personas a las que se les ha amputado un miembro y que, sin embargo, siguen sintiéndolo, e incluso percibiendo dolor sin razón material que lo justifique.

El experimento de los seguidores de los Kirlian sobre la hoja cortada confirmaría la experiencia del *miembro fantasma*.

Con la introducción de la película en color en sus estudios, los Kirlian obtuvieron resultados aún más sorprendentes: las fotos mostraban las variaciones cromáticas del halo luminoso en función del estado de ánimo del objeto fotografiado. Nuevamente se habló de milagro, y fueron muchos los que afirmaron que era posible plasmar en una placa fotográfica el alma del hombre y su energía divina (en el caso de los sanadores). La noticia circuló especialmente en los ambientes afines al espiritismo, que pretendían utilizar la cámara Kirlian para mostrar el espíritu inmortal. Una vez más, hay que precisar que los colores visibles en las fotografías manifiestan la energía cromática del cuerpo o, mejor dicho, el estado psíquico emocional de la persona, pero no muestran su alma. Recuérdese, en este sentido, el experimento ya comentado de la psicóloga Thelma Moss, que demostraba que el cromatismo del halo luminoso se encuentra condicionado por las pasiones, los deseos y las emociones de las personas.

En lo que respecta a los sanadores y a la energía que estos desprenden, no creemos que la energía pránica tenga nada que ver con lo sobrenatural, pues forma parte de la naturaleza y de fuerzas humanas aún desconocidas.

Por el contrario, sí que pertenece a la esfera de lo sobrenatural el principio que las ha generado, que no se puede conocer dado que lo divino es incognoscible por esencia.

Nótese que el campo etérico puede variar su color original, pasando del gris-azul-violáceo a una tonalidad más cálida, rojo-amarillenta.

Esto explica por qué los investigadores pudieron confundir las fotografías que plasmaban la energía etérica con la estructura áurica: creían, erróneamente, que el aura podía impresionar la película fotográfica.

Debemos insistir en el hecho de que, mientras la energía etérica puede ser contemplada a simple vista en casos excepcionales, el aura sólo puede ser visualizada por personas dotadas de una capacidad receptiva especial, cuyo desarrollo es el resultado de una práctica concreta.

El aura debe ser considerada como el espejo del alma, o un reflejo significativo de ella, hasta el punto de que su análisis nos permite deducir si un hombre padece alguna enfermedad o goza de buena salud, si tiene un carácter meditativo o colérico, etc.

Así pues, lo que vemos a través del aura —lo cual no está al alcance de cualquiera, y menos aún del instrumental científico— es una emanación del alma y del espíritu. Pero el alma es, en sí misma, invisible, y resulta impenetrable incluso para los poderes paranormales de los sensitivos.

Las tonalidades cromáticas áuricas

El campo etérico, como hemos visto, se propaga por lo general en forma de energía radiante de color azul, gris-azul o azul pálido, aunque también puede cambiar repentinamente hacia el rojo-amarillento y naranja. El aura vital, por contra, que según se dijo refleja la psique y el subconsciente, se caracteriza por la notable amplitud de su gama cromática.

Antes de adentrarnos en el reino cromo-áurico, hay que decir algo sobre la naturaleza de los colores. Si interceptamos la luz del sol (blanca) con un cartón agujereado, se obtiene un rayo de luz que podremos hacer pasar a través de un prisma óptico (un cristal en forma de pirámide): veremos aparecer por el otro lado del prisma, no un rayo, sino un haz de luz. Si se intercepta este haz con otro cartón (o una tela), y proyectamos la luz sobre una pared orientando convenientemente el prisma, veremos cómo se descompone en los colores del arco iris: violeta, añil, azul, verde, amarillo, naranja y rojo, difuminados entre sí. No hay que olvidar que la luz es una radiación electromagnética peculiar, al igual que los rayos X, los ultravioleta, los infrarrojos, las ondas de radio, etc. La diferencia entre estas radiaciones consiste en la frecuencia con la que vibran el campo eléctrico y el campo magnético. Nótese que vibran al mismo tiempo, aunque desfasados entre sí y sobre dos planos ortogonales (esto es, en ángulo recto). Las radiaciones electromagnéticas, y por lo tanto la luz, pueden compararse con las ondas sonoras, las cuales son también un fenómeno vibratorio. Sin embargo, la analogía no va mucho más lejos: de hecho, las ondas sonoras precisan de un medio material por el que propagarse (aire, agua, gases o sólidos) y son bastante lentas (300 m/s); las ondas electromagnéti-

cas, por contra, se propagan sin problemas en el vacío a 300.000 km/s; en el aire y en otras sustancias transparentes, la velocidad es menor, aunque no mucho. Dividiendo la velocidad de propagación por la frecuencia de vibración, se obtiene la longitud de onda: así pues, podemos definir la luz en términos físicos como la gama de frecuencias electromagnéticas que va desde los 7.500 a los 4.000 Å (ya hemos visto que Å es el símbolo del ángstrom, unidad de medida de longitudes, y equivale a una cienmillonésima parte de centímetro). Por lo tanto, cada color posee una longitud de onda propia. En términos biológicos, por contra, las ondas luminosas son unas radiaciones electromagnéticas particulares que activan, a través del nervio óptico, una percepción visual.

Entre las ondas luminosas, la que tiene una longitud de onda menor es la del violeta (4.000 Å) y la mayor, la del rojo (7.500 Å); la luz blanca, por su parte, al estar formada por todos los colores del arco iris, comprende todas las frecuencias. Si vemos algo, por ejemplo una hoja de papel, de color blanco, se debe al hecho de que refleja todas las radiaciones en igual medida. Y viceversa: un objeto nos parece verde porque absorbe todas las radiaciones, menos las verdes. Sumando colores distintos, se obtienen nuevos colores: por ejemplo, con el amarillo y el azul se obtiene el verde; con el rojo primario y el azul prusiano, el púrpura; con el amarillo y el rojo, el anaranjado, etc.

Hasta ahora hemos hablado del espectro luminoso que percibe la visión normal. Los colores del aura, por contra, pertenecen a un espectro invisible, que no puede ser percibido ni por el ojo humano ni por el instrumental de laboratorio. En el lugar recóndito donde se define el aura, el espacio y el tiempo pierden el sentido ordinario del mundo físico, por lo que resulta absurdo definir una velocidad de propagación, que es la relación entre espacio y tiempo. También lo sería definir la longitud de onda como relación entre velocidad de propagación y frecuencia de vibración: nos conformaremos con señalar que el espectro invisible del campo cromático-áurico emite radiaciones con una longitud de onda equivalentes inferiores a 2.900 Å y superiores a 35.000 Å. Las radiciones de este espectro invisible reciben el nombre de microvibraciones y pueden contemplar ondas sumamente cortas, que incluyen el blanco, el negro y el *verde negativo*, entre otros. Más adelante volveremos sobre esta cuestión.

El ser humano puede ver el mundo porque dispone de un mecanismo automático que transforma en sensaciones visuales las imágenes que impresionan la retina de nuestros ojos. En la visión de los colores del aura, se activa un mecanismo muy semejante, con la diferencia de que para percibir los tonos que pertenecen al espectro invisible hay que hallarse en un estado *sobrenatural*, en el cual resultan *visibles* imágenes normalmente veladas a la vista humana. Esta capacidad responde a una ejercitación específica que permite acceder al mundo de las energías sutiles y percibir aquello que suele permanecer oculto a los cinco sentidos, siempre y cuando se logre activar un mecanismo peculiar de excitación nerviosa.

El espectro cromático invisible comprende también, como se dijo, tres microvibraciones: el blanco, el negro y el llamado *verde negativo*. Estas frecuencias magnético-cromáticas fueron descubiertas en 1930 por tres investigadores franceses expertos en radiestesia (disciplina que estudia las radiaciones emitidas por los objetos): L. Chaumery, P. A. Morel y A. De Belizal. Las propiedades del verde negativo, una microvibración

especular del verde *positivo* del espectro visible, son especialmente interesantes, hasta el punto de que el descubrimiento de este color fue patentado el 10 de abril de 1936.

El verde negativo fue descubierto en el transcurso de ciertos experimentos de radioestesia acerca de las propiedades de las figuras geométricas tridimensionales. Los tres investigadores colocaron una esfera de madera sobre un soporte y, ayudándose de un péndulo, examinaron las radiaciones emitidas por su superficie: comprobaron que, a la altura de los puntos norte y sur, el sólido hacía girar el péndulo en sentido antihorario, revelando así la existencia de dos meridianos, uno eléctrico y el otro, magnético.

Entre las vibraciones que emitía la esfera, la más significativa era la que luego denominaron *verde negativo*, que se hallaba exactamente entre el blanco y el negro. Resultó que esta vibración era la más corta y potente del universo. Morel y De Belizal la definieron en su libro *Fí-*

sica microvibratoria y fuerzas invisibles, como una onda que tiene origen en el centro de la Tierra y que, elevándose hacia la estratosfera, arrastra consigo todas las vibraciones que encuentra a lo largo de su recorrido de propagación.

La emisión del verde negativo puede ser sumamente nociva: es el caso, por ejemplo, de la que desprenden las fallas geológicas (fracturas de la corteza terrestre) y los cursos de agua subterráneos. Tanto unas como otros son fuente natural de campos magnéticos que pueden perturbar el equilibrio habitual de las células biológicas, produciendo estados patológicos. Por ello es importante que los cimientos de los edificios no descansen sobre fuentes naturales de campos de influencia negativa como las citadas, ni tampoco artificiales, como restos de cementerios y monumentos fúnebres antiguos. Incluso los muebles del hogar, colocados en una posición inarmónica formando una geometría desequilibrada, perturban el campo áurico vital.

De todos modos, el verde negativo también presenta aspectos positivos. Su emisión es la misma que atraviesa la pirámide de Keops, conocida con el nombre de *onda momificante* a causa de su poder deshidratador.

Es sabido que las energías piramidales ejercen un benéfico efecto regenerador sobre el hombre. Estas son, en resumen, las propiedades beneficiosas del verde negativo:

• cuando es puro, es decir, sin contaminaciones magnéticas, es capaz de momificar cualquier sustancia orgánica: carne, pescado, huevos o flores;
• esteriliza y destruye microorganismos y agentes de putrefacción.

El verde negativo brota también de las manos de personas dotadas: los auténticos magnetizadores son capaces de cana-

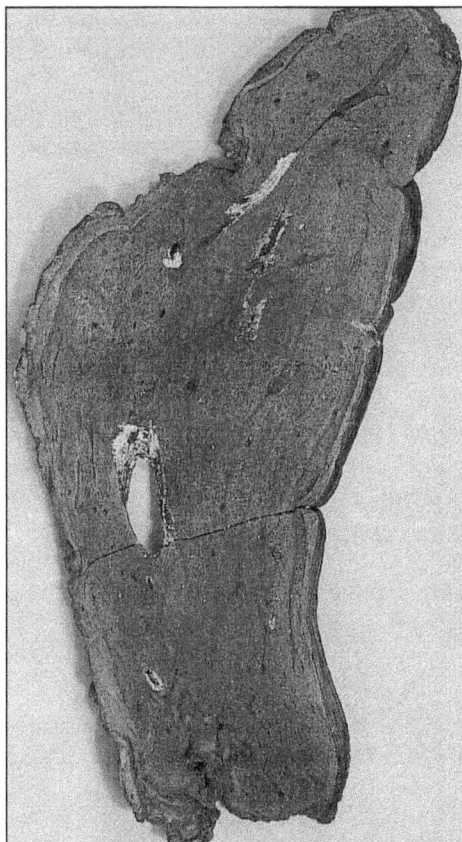

Hígado de novillo momificado por el autor mediante la imposición de las manos

lizar esta radiación con fines benéficos y terapéuticos. Nosotros mismos, con el propósito de estudiar los rayos cósmicos, la energía vital y el fenómeno de la deshidratación de la materia orgánica mediante la emisión de energía pránica, logramos momificar un hígado de novillo de casi 80 gramos de peso: puesto al sol 24 horas, el hígado se deshidrató y quedó duro como una piedra.

En el antiguo Egipto, la onda momificante ya era conocida en toda su complejidad, tanto en sus aspectos positivos como en los negativos. Lo demuestra la posición y orientación de las construcciones, pirámides y templos, que obedecían a prescripciones sumamente rigurosas: baste el ejemplo de la pirámide de Keops, orientada con una precisión sorprendente hacia el norte.

También los chinos conocían los poderes de esta vibración: elegían con sumo cuidado la zona sobre la que erigían los edificios, asegurándose de que no hubiera radiaciones desequilibrantes procedentes de cursos de agua subterráneos o fallas geológicas. Los chinos llamaban energías *yang* a las fuerzas telúricas o del suelo, y *yin* a las energías del cielo, o fuerzas cósmicas. El yang representa la energía masculina, positiva y activa, mientras que el yin simboliza la energía femenina, negativa y pasiva. El equilibrio perfecto del yin y el yang asegura que la emanación del aura resultará armónica y rica en energía psíquica y física vital.

El significado de los colores del aura

Resumiendo, los colores del aura pertenecen a la esfera de lo invisible y comprenden una gama muy abigarrada de matices. De hecho, además de las microvibraciones invisibles (infrarrojo, negro, verde negativo, blanco y ultravioleta), hay que hablar de tonalidades muy próximas a las de la esfera de lo visible, como ciertas gradaciones de rojo, amarillo, verde, azul, violeta y anaranjado. El significado de los colores de la emanación áurica permite deducir cuál es el estado de salud de una persona, así como su personalidad y naturaleza.

El contenido de este apartado es el fruto de varios años de estudio personal. Sin embargo, hay que advertir que, en este campo, la investigación no conoce el final: así, no debemos anquilosarnos, sino utilizar estos conocimientos como punto de partida para emprender un camino de evolución personal. Por ello, en la investigación sobre los colores asociados a las energías no hay por definición estándar alguno, ni normas fijas de comportamiento. Aun así, es desaconsejable actuar con displicencia y por mera diversión. En la búsqueda de la verdad, cualquier exaltación resulta peligrosa y cualquier fanatismo, perjudicial además de inútil. Ningún hombre está en posesión de la verdad universal, y nada puede darse por descontado, dado que son muchos los misterios que rodean al ser humano y difícilmente podremos poner la palabra fin a la investigación.

Antes de emprender nuestro viaje al interior de la estructura áurico-cromática, hay que precisar que los colores del aura no son en ningún caso inmutables, puesto que el hombre se ve sometido a un proceso constante de evolución. El aura de un niño, para entendernos, es distinta que la de un adolescente. Del mismo modo, el aura de un adolescente no puede ser igual que la de un adulto. Por otro lado, tanto la intensidad como la tonalidad de la emisión cromática dependen del progreso mental y espiritual del individuo y, por consiguiente, también de su voluntad. Por ejemplo, una persona ignorante difícilmente podrá acometer un desarrollo cualquiera de su aura vital. Por la misma regla de tres, alguien que empiece a emitir señales de desequilibrio padecerá una regresión cromática; es decir, en otras palabras, el color básico de su aura empezará a volverse cada vez más opaco, perdiendo de forma gradual su intensidad inicial.

Consideremos ahora las propiedades de los colores fundamentales para nuestra investigación (rojo, naranja, amarillo, verde, azul, añil, violeta, púrpura y gris), y sus matices.

Rojo. Es un color cálido, considerado muy importante ya desde la antigüedad:

Aura vital de un individuo agresivo, de tonalidad tendente al rojo

los romanos la asociaban con la energía física y mental, con la sangre entendida como elemento vital y equivalente corporal de la fuerza dinámica psíquica. Un aura que contiene este color es sinónimo de buena salud, y propia del hombre vigoroso-positivo. Muchos militares célebres, con toda probabilidad, estaban circundados de un campo áurico de color rojo intenso. No por azar, este es el color de Marte, dios de la guerra para los romanos.

Rojo claro. El rojo claro revela una estructura áurico-psíquica muy frágil, con una emanación pálida y nebulosa, bordeada por unas franjas de color lila. Indica carencia de energía vital, apatía y carácter melancólico. Quien posee esta aura suele pasar bastante desapercibido.

Rojo encendido. La emanación áurico-vital de este color alude a un tipo fuerte, lleno de energía pero de escasas luces, superficial e interesado únicamente en cultivar su cuerpo. Los contornos del aura son muy claros, con destellos de luz de color azul metálico.

Rojo ladrillo oscuro. El aura presidida por este tonalidad cromática, salpicada de carmesí o blanco sucio, caracteriza a una persona que cultiva sentimientos mezquinos, sometida a estallidos repentinos de ira, de naturaleza muy fuerte. Posee un sistema nervioso lábil.

Rojo oscuro. La persona en cuya aura predomina este color y tono es ambigua y alimenta secretamente una rabia mal controlada. Su emanación es opaca, con palpitaciones de color rojo, ocasionalmente menos oscuro.

Rojo violáceo. Un aura roja violácea con manchas desiguales de tonalidad roja oscura, casi negra, denota un indivi-duo inestable, con tendencias violentas y gran confusión mental: sin duda alguna, el aura de un *asesino en serie* se caracteriza por esta tonalidad.

Rosa. Esta tonalidad tan delicada es característica de una persona sensible y soñadora, poco práctica: indica pasividad de carácter y una cierta propensión enamoradiza y romántica; en ciertos casos, incluye excitabilidad e inmadurez. Esta aura se presenta con frecuencia como evanescente.

Naranja. Esta tonalidad cálida es indicio de energía temperada, equilibrio y fuerza de carácter. Quien presenta esta aura está iluminado y destinado a una evolución espiritual prácticamente ilimitada. El aura anaranjada es nítida y luminosa, bordeada por una franja de color blanco refulgente, con esferas de luz azul en su interior. En la India, el naranja goza de gran consideración y se asocia con una espiritualidad avanzada. No por azar, los avatara (encarnaciones de los hindúes) visten ropa de color naranja.

Naranja claro. Es un color espiritual, indicio de un temperamento de índole más contemplativa que activa; este color presenta, de una forma atenuada, todas las propiedades del naranja puro.

Naranja oscuro. Un aura naranja oscuro con destellos azules y rastros de amarillo caracteriza la perfección espiritual de los auténticos iniciados. Así ocurrió, por ejemplo, con los Reyes Magos del cristianismo, que siguiendo una estrella pudieron llegar hasta el pesebre donde el niño Jesús había venido al mundo: se trataba de sabios de Persia y Caldea, conocedores de todos los saberes y guardianes de la ciencia absoluta, como aceptan las corrientes de hermetismo esotérico.

Amarillo anaranjado. El aura vital de color amarillo anaranjado con tonalidades rojas, llameante, es característica de artistas y, en general, de personas brillantes y creativas.

Amarillo claro. Esta tonalidad de amarillo pertenece a individuos positivos, amantes de la verdad y dotados de buenos sentimientos. Incapaces de malicia, suelen verse maltratados por su excesiva disponibilidad hacia el prójimo, hasta el punto de suscitar irritación. Un aura de color amarillo claro no es especialmente luminosa y desprende destellos de luz blanca muy intensos.

Amarillo cromo. Es el color del aura de las personas prácticas, ni positivas ni negativas. La emanación áurica aparece homogénea y brillante.

Amarillo ocre. Este color caracteriza el aura de la persona amante de su hogar y su trabajo, lo cual redunda en una vida anodina, rutinaria, carente de emociones y estímulos.

Amarillo oro. El amarillo oro es el color de los santos y los iluminados, en estrecho contacto con lo divino. La aureola que suele aparecer en las imágenes tradicionales de santos y mártires representa el centro coronal colocado encima de la cabeza o ápice del aura vital, y presenta este color; este centro coronal se describe en el capítulo «El huevo áurico», (véase pág. 77). El halo áurico aparece sumamente luminoso como una explosión de luz y de color, con unos destellos de una luz dorada formando rayos luminosos.

Amarillo oscuro. Es un color de significado negativo, característico del aura de las personas dispersas y de quienes, tras fracasar en la vida, carecen de nuevas expectativas. La emanación de este color es muy débil y apagada.

Amarillo pálido. La persona que presenta un campo áurico de este color sufre, muy probablemente, anemia y en cualquier caso posee una constitución física débil.

Amarillo primario. Es una tonalidad cálida, asociada en otros tiempos con el sol y su energía, fuente de vida. Este color remitía al dios Ra (el sol) en el antiguo Egipto, la divinidad que encarnaba los poderes del disco solar. Un aura con este color es propia de quienes se encuentran en una fase muy avanzada de desarrollo espiritual: su karma —el conjunto de obras realizadas que determina el destino individual, fruto de las vidas acumuladas— es verdaderamente positivo. Aun así, esto no exime a la encarnación actual de superar nuevos retos que fortalezcan aún más su carácter. Se trata de personas al mismo tiempo afables y enérgicas, así como sinceras. Un aura de este color aparece resplandeciente, cálida, luminosa y nítida.

Amarillo rojizo oscuro. Esta gradación áurica simboliza lascivia y lujuria. Quien manifiesta un aura de este color está sometido a impulsos sexuales irresistibles.

Amarillo verdusco. El aura de esta tonalidad es característica de personas secas, avaras, poco deferentes respecto a quienes las rodean. La emanación áurica asociada con este color tiende a ser estática.

Verde claro. Un aura de color verde claro significa pureza, dulzura, amor, belleza. Quien posee un aura de este color suele ser una persona de rasgos delicados y etéreos, propensa a la meditación y dotada de una fascinación especial, fruto

El aura vital de un buen hombre

de una feliz combinación de pureza de espíritu y timidez latente. El campo vital verde claro presenta unos bordes interiores de color blanco intenso, con matices de amarillo oro.

Verde encendido. Es el color de la emotividad. La emanación de esta aura es luminosa, bordeada por dentro de rojo; la presencia de destellos de color rojo intenso indica ingenio, sugestionabilidad y propensión al erotismo.

Verde esmeralda. Esta tonalidad se asocia desde antiguo con la fertilidad. Venus, la diosa del amor, se representaba con una túnica de color verde. El verde esmeralda es el color del crecimiento y el cambio, por lo que el aura vital verde esmeralda representa a una persona en evolución gradual aunque constante, que desea mejorar. El campo áurico de este color es muy brillante, nítido y sin matices peculiares.

Verde negativo. Es la vibración más corta del espectro invisible, como ya se explicó, y no es fácil de detectar. Piénsese en un remolino de energía contraria que gira por encima del centro coronal, situado en la cúspide de la cabeza, de color gris oscuro-verde (se definirá este centro en el capítulo «El huevo áurico», véase pág. 77). Si la emanación del aura presenta el verde negativo significa que —según los estudios de Belizal— la persona padece cáncer, como consecuencia de su exposición a la «onda de enfermedad» (debida, por ejemplo, a la presencia de una falla geológica o de un curso de agua subterráneo bajo el edificio en el que vive). El aura de color verde negativo aparece fragmentada, discontinua y con iridiscencias tendentes al marrón claro.

Verde oscuro. El aura que presente esta tonalidad fría denota un carácter sombrío y la presencia de alguna enfermedad de cierta entidad, o bien el consumo de drogas o alcohol. Sea como fuere, es indicativa de un organismo enfermo. La emanación áurica de este color aparece opaca y con una luminosidad muy escasa, hasta el punto de resultar casi invisible incluso para investigadores experimentados.

Azul celeste. El aura vital de este color es característica de personas dotadas de una espiritualidad muy discreta, con gran sentido práctico y una carga vital controlada. Indica una mente analítica y predisposición para los estudios teológicos, aunque desprovista del fuego sagrado que se detecta en la vocación por el sacerdocio. El aura celeste es compacta y carece de luminiscencias peculiares.

Azul celeste claro. Esta tonalidad es característica de las personas tranquilas, laboriosas y familiares, sumamente escrupulosas y responsables, aunque también inseguras. El aura se presenta nítida y su cromatismo está bien delineado, con destellos de color azul metálico.

Azul celeste pálido. El aura de este color indica ausencia de voluntad o, cuando menos, debilidad en el carácter. Por otro lado, expresa escasa vitalidad y una constitución física frágil. La emanación aparece poco luminosa, hasta el punto de mezclarse en ocasiones con el cuerpo etérico. De hecho, la energía etérica también produce una emanación de este color: tenue aunque cambiante, pudiendo adoptar iridiscencias de un color rojo-amarillento.

Azul cobalto. Esta tonalidad expresa tenacidad psíquica, es decir, fuerza de voluntad y constancia. La persona que presenta un aura de este color posee una personalidad acusada y ejerce una notable ascendencia sobre otros. El campo vital es muy luminoso, salpicado de destellos de color rojo-anaranjado.

Azul marino. Esta tonalidad es fría pero penetrante e indica el trabajo mental. Desde la antigüedad, además, representa el firmamento. El aura azul es propia de personas dotadas de unas capacidades psíquicas notables, fuerza interior, inteligencia y profundidad de pensamiento. La emanación azul está circundada por una corona ovalada de color naranja.

Añil. La persona con un aura de este color es propensa al misticismo, en ocasiones hasta el fanatismo religioso. El campo vital añil es luminoso, con manchas de color azul cobalto.

Púrpura. Es un color considerado, desde la antigüedad, como muy importante y misterioso. El púrpura es el color sapiencial (denota que se ha alcanzado el conocimiento por una vía iniciática) y expresa los poderes sacerdotales. En el antiguo Egipto, los sacerdotes del templo vestían túnicas púrpura, de acuerdo con la naturaleza sobrenatural y divina de su ministerio. Entre los romanos, este color remitía al dios Júpiter, a quien se consagraba la amatista, una piedra preciosa justo de este color. Aún hoy, la amatista es la piedra engastada en el anillo cardenalicio. El aura de color púrpura denota que su poseedor atesora una espiritualidad profunda y familiaridad con el mundo interior, pero está dotado de unas potencialidades especiales, y es propenso al estudio de las disciplinas herméticas. Es huraño y solitario, tiende a la meditación y a la plegaria, entendida como vehículo de expansión psíquica, en el sentido más amplio del término.

Un aura con esta tonalidad cromática resulta muy compacta, con reflejos amarillo oro y trazas difusas de blanco. Aunque no se trata de un color solar, el púrpura indica que en el alma humana arde una llama perpetua y que el corazón del hombre alberga un amor inmenso por lo divino y una atracción por lo absoluto. El púrpura representa el desapego respecto a la vida material.

Gris. El gris es un color neutro, símbolo de la materia primordial y la energía primigenia. Si el gris aparece mezclado con otros colores, es señal de que las propiedades áuricas de la tonalidad básica están amenazadas. Si, por ejemplo, detectamos una tonalidad gris en un aura naranja, quiere decir que las cualidades de este color se ven sometidas a un proceso de alteración, o incluso de cancelación. Si, por el contrario, el gris se halla en un campo áurico de por sí poco positivo, las connotaciones negativas del aura se verán acentuadas. Un aura totalmente gris remite a un karma muy pesado y caracteriza a una persona cuya existencia le impondrá sacrificios, sin expectativa de recompensa (como ya se ha dicho, el karma es el conjunto de las obras realizadas que determina el curso del destino individual). La emanación áurica gris aparecerá como una densa niebla, poco brillante.

Gris claro. Presenta las mismas propiedades negativas que el gris, aunque atenuadas. Así, si se mezcla con otros colores, resulta menos dañino. Si participa en la composición del campo áurico de una persona, es síntoma de un karma pesado, aunque con posibilidades de mejoría en el curso de los años.

Gris oscuro. Tiene las mismas características que el gris puro, aunque con mayor intensidad.

Negro. Corresponde a la ausencia de todos los colores o, mejor dicho, a su absorción total. El negro es falta de luz y de forma, representa la introspección y la oscuridad interior. Un aura negra denota estados de alteración mental, graves malformaciones físicas o enfermedad. También indica degeneración psíquica, debida a unas prácticas ocultistas erróneas. En estos casos, el aura negra se manifiesta como una sombra amenazante que circunda todo el cuerpo, y dibuja en la cúspide de la cabeza figuras negras similares a serpientes. Esta configuración se detecta en casos de posesión (auténtica y, por tanto, esporádica).

Blanco. Surge de la combinación —por síntesis sumatoria— del rojo, el verde y el azul (y viceversa, la combinación del magenta, el amarillo y el turquesa origina —por síntesis sustractiva— el negro). El blanco representa la pureza, lo que no debe confundirse con la castidad; significa limpieza interior, altura de ideales espirituales, magnanimidad. El aura de Cristo era blanca, sumamente luminosa y cegadora, cuando se transfiguró en el Monte Tabor y sus ropas se volvieron blancas como el hielo polar. Así pues, el aura blanca pertenece a divinidades encarnadas: a los grandes avatara.

Cromatismo áurico y fisiognómica

El lector debe asimilar con cuidado el significado de cada color. Para realizar este ejercicio, puede ayudarse del método que hemos ideado, el cual combina la fisiognómica (estudio del rostro y los caracteres somáticos) con el análisis del color. Se trata de una práctica relativamente sencilla —aunque implica una notable capacidad de observación— que permite captar el color que compone el aura de una persona sólo con mirarla. Podemos pedirle a un amigo que nos

ayude en el experimento: observaremos minuciosamente los rasgos de su cara y, en base a las asociaciones descritas más arriba entre el carácter y el color del aura, trataremos de deducir el cromatismo de su aura vital. Nos retiraremos luego a un lugar apartado e intentaremos visualizar la emanación áurica de nuestro amigo. Si el color corresponde con el que hemos imaginado intuitivamente, quiere decir que el examen fisiognómico es correcto y nos ha revelado la naturaleza íntima de su aura.

Por ejemplo, si un hombre presenta un rostro con unos rasgos muy marcados, con la mandíbula cuadrada y la mirada penetrante, con toda probabilidad su aura es de color rojo intenso. Una persona con la cara perfectamente ovalada y las orejas despegadas, con los ojos semicerrados, el cuello y los hombros anchos, tendrá el campo vital de color rojo encendido. Una mujer con un rostro menudo, con los ojos grandes y expresivos, la mirada sorprendida y la tez pálida, casi con seguridad tendrá un aura de color rosa. Asimismo, la forma de vestir puede contribuir a revelar el color básico del aura. Por ejemplo, una mujer que lleva un vestido rojo, con el cual pretende expresar su vitalidad, sin duda debe presentar un aura de color rojo oscuro. La ropa de color verde esmeralda expresa el deseo de evolucionar y renovarse, así pues, el aura de quien la lleva será también verde. Por último, hay que hablar de otro método para deducir el color del aura, basado en las asonancias armónicas o inarmónicas en la forma de vestir. Por ejemplo, hay personas aparentemente mal vestidas que llevan una ropa cuyo color suscita de forma instintiva un cierto nerviosismo. Esto ocurre cuando el color contrasta con el aura del individuo, con consecuencias negativas también para él. Y al revés: una ropa que combina a la perfección con la tez de una persona es señal de que ese color armoniza con el del aura. El color que confiere armonía al rostro y destaca sus rasgos es el color básico del campo áurico.

Debemos tratar de profundizar en la relación entre el color, la persona y el campo áurico. Aunque nuestras intuiciones puedan parecernos absurdas, no debemos desecharlas sin más: con frecuencia, esta primera impresión brota del subconsciente. Recordemos que, aunque un aura nunca es igual a otra, sí que pueden darse coincidencias dentro de un mismo grupo de personas que se parezcan física y gestualmente, en su forma de hablar, de vestir o de andar. También el aura vital de estos individuos presentará prácticamente las mismas características cromáticas, tal vez con alguna diferencia insignificante en su color primario. No se debe descartar el estudio de los grupos de personas afines, ya que es una forma de enriquecer nuestra sensibilidad y la intuición, necesarias ambas para progresar en el estudio del aura. Para ejercitar esta capacidad, podemos remitirnos a los seis tipos fisiognómicos que aparecen en el cuadro superior. Debemos me-morizar las nociones expuestas y acostumbrarnos a observarlas en las personas.

Cromatismo y patología

Ciertas vibraciones cromáticas alrededor de un órgano o en determinadas partes del cuerpo son señal de un estado patológico, que también puede ser detectado con el péndulo del radioestesista. Estas vibraciones, emparentadas con la emisión áurica, fueron estudiadas por el profesor Fernando Bortone, célebre radioestesista y autor del libro *La radioestesia aplicada a la medicina*. Hay que destacar que ciertas enfermedades atacan a personas a las que, por su naturaleza, podríamos calificar de positivas. Así, el amarillo, color cálido y solar denuncia, según Bortone, la presencia de unas enfermedades específicas. Este autor, de quien me honro en ser discípulo y colaborador, fue un maestro en el estudio de las energías radioestésicas, las microoscilaciones y la utilización del péndulo. La tabla que aparece en la página siguiente ha sido tomada de su libro.

RELACIÓN ENTRE COLOR Y PATOLOGÍA

plata	uricemia
azul luminoso (celeste)	cardiopatías, hipertiroidismo
azul cobalto	tuberculosis pulmonar, intestinal, ósea
blanco de zinc	diabetes mellitus, insípida
amarillo cadmio claro	hipercalcemia, hipocalcemia, osteomalacia, osteoporosis
amarillo cromo oscuro	tumor maligno, tumor benigno
gris	neuropatía
laca de granza oscura (añil)	arteriosclerosis, aterosclerosis
tierra de Siena natural (marrón claro)	artrosis lumbosacra
pardo de Marte (castaño)	broncopatía
negro	gangrena
amarillo oro	artrosis cervical, dorsal, torpeza en las extremidades, parálisis
rojo cadmio claro (rosa)	esplenopatía
rojo encendido	hemorragia, erupción cutánea
carmín-alizarina (rojo oscuro)	hepatopatía
verde inglés (verde guisante)	eczema, alergia, infección de la sangre
verde esmeralda	sífilis
lapislázuli (violeta)	anemia, hipoactividad de la glándula suprarrenal y el páncreas

Esta tabla, que no podía faltar en un tratado sobre el aura, nos permite comprender la importancia del color, el cual —no se olvide— es el aspecto cualitativo de una realidad vibratoria concreta. Como es obvio, el lector deberá atenerse al estudio de las tonalidades áuricas puras, concentrándose en especial en el cromatismo áurico descrito en el apartado «Las tonalidades cromáticas áuricas» (págs. 35-36). Esta tabla cromática revelará su utilidad cuando el estudioso haya logrado cierto nivel de competencia.

Valores cromoastrológicos y terapéuticos

Los colores también guardan correlación con los signos del zodíaco, que a su vez la tienen con nuestra patología, como saben los que practican la cromoterapia (curación de las enfermedades mediante los colores). Consideraremos en primer lugar las correspondencias cromoastrológicas, y a continuación examinaremos la relación entre colores y propiedades terapéuticas.

RELACIÓN ENTRE LOS COLORES Y LOS SIGNOS DEL ZODÍACO

Esfera de lo visible		Esfera de lo invisible	
Aries	rojo	Escorpión	ultravioleta
Tauro	naranja	Sagitario	blanco
Géminis	amarillo	Capricornio	verde negativo
Cáncer	verde positivo	Acuario	negro
Leo	azul marino	Piscis	infrarrojo
Virgo	añil		
Libra	violeta		

Hay otro sistema de asociación entre colores y signos del zodíaco, perteneciente a la tradición hermética. Las diferencias entre ambos sistemas se deben al hecho de que, en la actualidad, el cuadro de referencia para el estudio de los planetas es distinto: aun así, no implica que el sistema hermético sea menos válido, en términos generales. De todos modos, creemos que el nuestro, basado en observaciones científicas rigurosas, es más adecuado para la investigación del aura. Con fines informativos, reproducimos a continuación el sistema de la tradición hermética.

RELACIÓN ENTRE LOS COLORES Y LOS SIGNOS DEL ZODÍACO SEGÚN LA TRADICIÓN HERMÉTICA

Aries	rojo intenso	Libra	verde agua
Tauro	verde oscuro	Escorpión	bermejo
Géminis	marrón	Sagitario	azul cielo
Cáncer	plata	Capricornio	negro
Leo	oro	Acuario	gris
Virgo	multicolor	Piscis	azul marino

Reproducimos por último la relación entre los colores y las propiedades terapéuticas, sin insistir en los nexos que hay entre los signos zodiacales y los colores, y entre estos y la patología pues, a pesar de su enorme interés, nos alejaría de la senda que nos proponemos recorrer juntos.

PROPIEDADES TERAPÉUTICAS DE LOS COLORES

Esfera de lo visible

Rojo	estimula los nervios, combate los efectos nocivos del frío, cura los dolores reumáticos. Contraindicado en los temperamentos coléricos.
Naranja	tonifica y estimula el sistema respiratorio, atenúa los calambres o dolores causados por el estrés.
Amarillo	estimula el sistema nervioso, favorece la digestión, atenúa el dolor de cabeza.
Verde positivo	reduce la presión arterial, confiere serenidad, cura el insomnio, disminuye la ira, regenera la energía, tanto física como mental.
Azul marino	calma el sistema nervioso, atenúa las náuseas, cura las inflamaciones de garganta.
Añil	atenúa todos los dolores y es eficaz contra sinusitis dolorosas, reumatismos y ciática.
Violeta	atenúa la emotividad, ayuda a la circulación.

El antiaura: energía magnética negativa

El *antiaura*, término que en la antigua Grecia designaba la propiedad de un demonio responsable de la jaqueca, es el opuesto al aura. En el universo, todo lo creado tiene un antagonista: día y noche, luz y sombra, verano e invierno, amor y odio. Del mismo modo, el aura, que está considerada como una fuerza magnética positiva, tiene como antagonista especular el antiaura, que posee una valencia negativa.

Recordemos que la materia tiene también su opuesto, la antimateria, dotada de unas propiedades simétricas a las suyas, y que los agujeros negros que estudia la astronomía, correspondientes al estadio final de evolución de una estrella de gran masa, contradicen la existencia de esa misma masa, con lo cual transforman la materia en energía acumulada en un volumen infinitesimal. No tiene nada de extraordinario, pues, que haya un antiaura, debida a la existencia de un contrario especular de la materia sutil, que contradice la emanación cromoluminosa del aura vital y del campo etérico.

La posibilidad de transformación del aura en antiaura es muy remota, aunque no imposible. Quien pierde la defensa áurica se ve abocado a graves desequilibrios, entre ellos la disminución de las defensas naturales del cuerpo. Asimismo, verá debilitarse su psique y resultará vulnerable a todo tipo de energías, hasta el punto de exponerse al antiaura.

La principal defensa contra las fuerzas psíquicas adversas, las corrientes astrales negativas y las enfermedades es un aura vital fuerte.

Bien es cierto que el cuerpo se ve sometido sin cesar a las formas más dispares de energía: rayos cósmicos, ondas electromagnéticas, «ondas de forma» (o radiaciones emitidas por los sólidos geométricos y las aristas de los objetos), etc. Por suerte, el aura actúa un poco como un filtro contra las diversas formas de energía: en parte las elimina y en parte, las atenúa. La falta de barrera áurica, consecuencia de la negatividad del aura, provoca un proceso de alteración celular progresiva hasta desembocar en el colapso de las propias células.

ESQUEMA CROMOÁURICO DE PERSONAJES CÉLEBRES

Alejandro Magno	rojo intenso
Napoleón Bonaparte	rojo intenso
Julio César	rojo intenso
Marc Chagall	amarillo-naranja
Jesucristo	blanco resplandeciente
Dante Alighieri	naranja oscuro
San Francisco de Asís	amarillo primario
Gandhi	naranja
Adolf Hitler	rojo ladrillo oscuro
Leonardo da Vinci	amarillo-naranja
Eliphas Levi	naranja oscuro
Charles Manson	rojo violáceo
Wolfgang A. Mozart	naranja oscuro
Pío XII	amarillo oro
Sócrates	azul cobalto
Giuseppe Verdi	azul marino

EL AURA DE LOS PERSONAJES HISTÓRICOS

Concluiremos este capítulo presentando los resultados de una experimentación personal: al iniciar nuestros estudios sobre el aparato áurico-etérico, nos interesamos por el campo vital áurico de los personajes célebres y la posibilidad de reconstruirlo comparando el perfil personal, los datos fisiognómicos y el contexto social en el que habían vivido. Unos habían pasado a la historia por sus gestas memorables, en sentido positivo, y otros por su barbarie, caso de Adolf Hitler o de Charles Manson, el asesino de la actriz Sharon Tate, entre otros.

La investigación empezó con la indagación sobre los episodios significativos de sus vidas, en función de los cuales pudimos trazar su perfil caracteriológico y deducir el color de su aura vital. Realizamos después ciertos exámenes fisiognómicos de comprobación, basados en la reconstrucción de los rasgos somáticos y la tez (color de la piel). Por último, realizamos los retratos al óleo, al final de los cuales preparamos las bases cromáticas que contenían las diversas tonalidades del aura. Comparando los rostros que habíamos pintado con las distintas bases cromáticas, pudimos determinar el color que, en cada caso, mejor armonizaba con los rasgos de las personas retratadas. Este experimento confirmó los resultados previamente obtenidos con el examen caracteriológico y fisiognómico. Las dos figuras que aparecen al pie corresponden a Julio César y a Leonardo da Vinci, y constituyen un ejemplo de boceto preparatorio de los lienzos al óleo definitivos.

Boceto preparatorio para el retrato de Julio César

Boceto preparatorio para el retrato de Leonardo da Vinci

Ejercicios para la lectura del aura

Proceder sin prisa

Nuestra sociedad, con su ritmo frenético y su estilo de vida caótico, nos induce a actuar de forma acelerada, tratando de apurar al máximo el tiempo. Quien, en cambio, se aplica al desarrollo profundo del ser debe rechazar esta concepción, ya que aprender a leer el aura puede ser cuestión de dos o diez años, o de toda una vida. De hecho, aprender a leer el aura implica no sólo adquirir una capacidad perceptiva, sino también reconciliarse con las fuerzas universales a las que los seres humanos pertenecemos. Ante un reto de esta magnitud, el tiempo carece de importancia, pues aquel que vayamos conquistando poco a poco, aunque al principio no nos percatemos de ello, será nuestro para siempre.

Tenemos que aprender a ser pacientes y, cuando sea necesario, a ralentizar la marcha, sostenidos por una voluntad que no permite que nos desanimemos. Tener paciencia no significa mostrar una actitud pasiva; todo lo contrario, se trata de fortalecer la voluntad, dejándonos guiar en todo momento por nuestro instinto y manteniéndonos en sintonía con nuestra energía interior.

Para aprender a leer el aura de una persona cualquiera hay que contar, en un principio, con la colaboración de alguien conocido, con quien mantengamos una relación de confianza y estima recíproca. Este colaborador será una especie de ayudante que compartirá con nosotros las motivaciones que guían nuestra investigación. Una vez dicho esto, veamos en resumen cómo hay que proceder: como siempre, la estancia en la que trabajaremos estará en semipenumbra, iluminada sólo con una lámpara halógena, graduada de manera que no provoque sombras. En los apartados siguientes, abordaremos los preparativos de la experimentación.

La preparación

La capacidad para ver el aura es un don natural, aunque por sí solo no es suficiente ya que, para lograr resultados estimables, es preciso un ejercicio constante. Con mayor motivo, quienes no poseen este don, deberán trabajar con más ahínco y armarse de paciencia si desean despertar en su interior esa parte natural, latente en todos los seres humanos, propensa a la percepción de las energías sutiles.

Para iniciar el ejercicio, ante todo debemos elegir un espacio que podamos oscurecer y que no esté atestado de objetos, que —sobre todo, si son de colores— podrían proyectar interferencias visuales. Otro elemento fundamental debe ser la presencia de una *pantalla*: una superficie libre y lisa, por ejemplo una pared de la estancia que hemos elegido como espacio de la experimentación. La pared debe ser clara, y a ser posible de color blanco. Para conseguir una mayor concentración, es aconsejable que la pared elegida como pantalla no tenga ventanas.

También la iluminación tiene su importancia, para crear la atmósfera adecuada para la experimentación. Hay que cerrar puertas y ventanas, y utilizar sólo luz artificial; la de la lámpara halógena es perfecta, gracias a su espectro de emisión luminosa, que no presenta los reflejos amarillentos de las velas y de las lámparas de aceite, aunque deberá estar provista de reóstato, para poder variar la intensidad de la luz. Haremos pruebas hasta dar con el tipo de luz que nos resulte más idóneo.

Durante los ejercicios, no debemos forzar la vista, ya que no son los ojos los que detectan el campo vital; en realidad, lo que hace brotar el fenómeno es una especie de visión interior que se despliega gradualmente. Empeñarse a toda costa es contraproducente, ya que, como se ha explicado en los capítulos anteriores, somos nosotros quienes debemos transformarnos en aparatos ultrasensibles. Para captar las percepciones sutiles no es necesario emplear el sistema visual, sino que es indispensable adoptar un estado supranormal, una especie de trance capaz de proyectarnos a la dimensión etérica. Recordemos que por trance se entiende un estado psicofisiológico particular similar a la hipnosis experimentado por los médiums, que conlleva la ralentización de las funciones vitales y el aumento de las secreciones.

Es erróneo aspirar a practicar la investigación etérica de una forma inconstante, dedicándole tan sólo ratos perdidos. Para progresar es necesario un esfuerzo constante y diario.

El vacío mental

La lectura del aura debe producirse en condiciones de absoluta neutralidad. Ser neutrales significa eliminar todos los aspectos caracteriológicos que puedan influir negativamente en nuestras percepciones; en especial, debemos apagar las emociones y el deseo de éxito, que podrían suscitar sugestiones perniciosas. En resumen, es indispensable alcanzar un estado de calma mental absoluta; es decir, desembarazar la mente de pensamientos inútiles y tratar de crear un vacío mental. La práctica del vacío mental nos será útil no sólo para la lectura áurica, sino también para la vida diaria.

La relajación

Debemos relajarnos por que las tensiones del cuerpo y los músculos son contraproducentes en la práctica de la lectura áurica. Si estamos tensos, difícilmente podremos despegarnos del ronroneo de las sensaciones psicofísicas, que son fuentes de distracción. Y, al revés, una relajación completa nos sitúa en un estado de receptividad, adecuado para percibir la menor variación de energía y los mínimos detalles de la visión etérica. El cuerpo debe convertirse en un aparato hipersensible, capaz de captar lo que habitualmente escapa a los cinco sentidos.

> El vacío mental y la relajación física son los instrumentos básicos para obtener resultados válidos.

La autolectura

El primer ejercicio de *lectura* del aura es, en realidad, un ejercicio de *autolectura*, ya que somos nosotros mismos objeto y sujeto de la experimentación. Nos colocaremos ante nuestra pantalla visual, en otras palabras, frente a la pared blanca. Estiraremos un brazo hacia delante, sin forzar el cuerpo. Comprobaremos que la mano se halle a la altura de los ojos, a continuación separamos los dedos y la miramos, pero no directamente, sino fijándonos en un punto ideal, detrás de la mano. Nos relajaremos lo máximo que podamos y seguiremos observando ese punto; notaremos que la visión se desenfoca levemente, porque de hecho es así. Cuando hayamos fijado el contorno en el campo visual, nos dejaremos guiar por nuestros sentidos, sin esfuerzo, de un modo natural, lentamente. En el momento en que se den las condiciones ideales, percibiremos un halo amarillento alrededor de los dedos y luego, poco a poco, de toda la mano. Esta radiación luminosa puede extenderse unos milímetros más allá de la mano, e incluso dos o tres centímetros. Notaremos cómo los dedos parecen alargarse, emitiendo una especie de haz de energía.

Así, habremos experimentado el aura de la mano: perseverando en el experimento, seremos capaces de percatarnos de que su espesor está sujeto a variaciones. En algunos momentos, parecerá que la mano se hincha, o que pierde las articulaciones.

Realizaremos este ejercicio a varias horas del día. Podemos repetirlo durante mucho tiempo, incluso meses. Notaremos que el grosor del aura vital aumenta o disminuye en función del estado de salud o el periodo del año en el que se produce la lectura.

Interpretar estas primeras experiencias no nos servirá de gran cosa; al principio, un cierto escepticismo, por otro lado razonable, nos hará pensar que no hemos percibido en realidad esa imagen. La duda persistirá aún durante cierto tiempo, hasta que hayamos adquirido seguridad y equilibrio, junto con una notable lucidez.

El aura en el espejo

Para el segundo ejercicio se necesita un espejo de al menos 50 x 50 cm. Se pone el espejo ante nosotros, dándole la espalda a la pared que nos sirve de pantalla: la distancia ideal respecto al espejo será de tres o cuatro metros. Observamos la imagen reflejada, sin esforzarnos, manteniendo el cuerpo relajado y la mente libre de pensamientos. Como en el anterior ejercicio, buscaremos un punto ideal, que esta vez se encuentra a nuestra espalda, por lo que tendremos que mirarlo a través del espejo. Así, tenemos una visión indirecta y ligeramente desenfocada. Relajados, seguiremos mirando el punto en cuestión. Veremos una neblina de un color indefinido en torno a nuestra cabeza y nuestros hombros. Es probable que la visión se desvanezca enseguida, pero no importa, lo que cuenta es haber entrado en contacto con la radiación de nuestro ser interior. Repetir varias veces este ejercicio nos ayudará a familiarizarnos con nosotros mismos y con nuestra aura vital.

La energía de la naturaleza

Otros ejercicios pueden desarrollarse con gran utilidad al aire libre. Trabajar en contacto con la naturaleza nos ayuda a ganar confianza con las fuentes energéticas naturales.

Primer ejercicio. Focalizar la atención sobre rocas, colinas o árboles, puesto que estos elementos de la creación son muy ricos en energía vital y guardan relación con la estructura magnética de la Tierra. Los chamanes definen los depósitos de energía natural como lugares de poder, y no se equivocan, ya que la naturaleza virgen conserva en su interior fuerzas magnéticas muy potentes. Debemos ob-

El campo etérico de un árbol

servar con atención los relieves de las rocas y, como hicimos durante el ejercicio con la mano, nos fijaremos en un punto ideal detrás de ellas. Percibiremos una luminosidad difusa e intensa que envuelve todo el paisaje y se extiende más allá del horizonte, dejando intuir las vastas proporciones del fenómeno.

Determinados perfiles rocosos presentan un nivel de radiación sutil similar al que se produce alrededor de los dedos de la mano, aunque en proporciones gigantescas. El estudio de árboles de gran tamaño o de una colina boscosa también merecerá nuestra atención, ya que su emanación áurica es considerable. Por otro lado, en contacto con las formas de la vida vegetal, nuestra aura vital y el organismo se pueden beneficiar de una recarga espontánea. Ciertos árboles están dotados de una gran cantidad de energía etérica, como confirma la observación de su campo vital. En concreto, se puede apreciar que la emanación etérica en ocasiones se proyecta hacia arriba y, otras veces, hacia abajo. Las mejores horas para la experimentación son las del crepúsculo y las de las primeras luces del alba.

En casos excepcionales, podremos observar los fuegos de san Telmo y los fuegos fatuos, sin realizar esfuerzos ni utilizar instrumentos especiales. Se trata de un espectáculo mágico que atrapa la atención de quien lo contempla, transportándolo a una dimensión casi irreal en la que se diría que la luminiscencia etérica lo envuelve todo, en el momento en que una neblina fluorescente se levanta del suelo y se propaga por doquier, creando efectos sugestivos. Estas experiencias, sin duda, nos espolearán e influirán en nuestro trabajo futuro.

Segundo ejercicio. Este ejercicio se desarrolla en un bosque, a ser posible alejado de la civilización y la hora ideal sería las siete de la mañana. Nos adentramos en la vegetación y buscamos un punto que nos resulte agradable, es decir, que nos infunda una sensación de bienestar; de este modo, habremos entablado un primer contacto con las energías naturales. Ahora, nos relajamos y observamos la claridad de los rayos solares que penetran en el bosque. Miramos con atención y si estamos bastante relajados, veremos una miríada de puntos plateados, sumamente luminosos, que se persiguen sin llegar a entrecruzarse. Su velocidad es increíble y la danza a la que se entregan, fascinante. Miremos todo lo que podamos, ya que esta visión no durará mucho tiempo. Acabamos de contemplar el prana o energía vital del planeta.

El campo etérico de los objetos

La experimentación con los objetos se lleva a cabo en nuestro espacio de trabajo habitual, o laboratorio. Abordaremos este nuevo ejercicio tras crear las condiciones ideales y disponer la iluminación adecuada.

Para realizarlo, necesitamos un plano sobre el que colocar los objetos que vamos a observar. Lo cubriremos con una tela blanca para no perturbar el campo visual. Lo ideal sería una mesa de madera rectangular, colocada a unos cuatro metros de distancia de la pared-pantalla. A continuación empezaremos la lectura del campo etérico de un objeto sencillo, por ejemplo, una esfera de madera. Como siempre, nos fijaremos en un punto ideal que se halla detrás del volumen geométrico y veremos cómo la bola se ve circundada por una especie de halo luminoso, ligeramente coloreado, de un amarillo muy claro. Es interesante hacer notar que ciertos materiales presentan un perfil de radiación mucho más vívido que otros, con discontinuidades geométricas y luminosas fuera de lo normal.

No debemos desanimarnos si los primeros intentos son arduos; con el tiempo, seremos capaces de percibir claramente el aura de los objetos más dispares. Recuerdo que una vez, mientras observaba un crucifijo de madera antiguo, se produjo un fenómeno muy extraño en el que el cuerpo etérico del objeto sagrado se me apareció como un fuego de pequeñas dimensiones que cambiaba de forma continuamente. Quizás estaba impregnado de una energía magnética especial, acumulada por la repetición de las prácticas del culto. Tuve la sensación de que aquel crucifijo era algo distinto a cualquier otro objeto, como si sólo obedeciera sus propias leyes.

Las irradiaciones áuricas de los tejidos

Ahora nos ocuparemos de la ropa. Con independencia de que lo realicemos con telas de fibra natural o sintética, la ropa también posee un aura, como cualquier otro objeto de la creación; por ello, puede producir interferencias en la captación de las energías sutiles. Otro problema que plantea la ropa es que está cargada de los residuos etéricos de quien la lleva, es decir, de restos de energía vital, partículas de fuerza etérica generadas por el hombre. Además, sus colores, sobre todo si son intensos, pueden perturbar la lectura del aura. Estas indicaciones deben invitarnos a ser muy selectivos en la elección de la ropa. El ayudante que se somete a la lectura del aura debe llevar prendas de un solo color homogéneo y de tono claro. El algodón es mejor que la fibra sintética porque esta suele presentar una emisión de color amarillo eléctrico, que podría superponerse a la irradiación natural del cuerpo. Por último, debemos evitar las gafas, brazaletes, anillos, cadenas y relojes.

Después de cumplir estos requisitos preliminares, pediremos a nuestro colaborador que se coloque a unos 20 cm del fondo elegido como pantalla visual. Nosotros nos pondremos a unos cuatro metros de distancia y buscaremos nuevamente el punto ideal a la espalda del asistente, en el cual fijaremos la mirada. Nos relajaremos todo lo posible, sin esforzarnos en ver algo a cualquier precio, ya que la visión deberá producirse de forma natural, sin ansiedad.

Al cabo de unos minutos, veremos cómo la silueta de nuestro ayudante está rodeada por una claridad tenue que se expande y se contrae: una especie de pulsación que dinamiza la visión, es decir, que le confiere movimiento. Esta claridad durará unos segundos y luego se desvanecerá. Querer continuar viéndola sería un error, pues podríamos caer en la autosugestión y acabaríamos viendo no el fenómeno que nos interesa, sino una mera proyección de nuestra mente.

Debemos evitar que nos condicionen en el inconsciente las percepciones alteradas del sujeto a examen; si, por ejemplo, nos dijera que se siente cansado, sin duda le descubriríamos un reflejo etérico débil y poco luminoso, ya que nos dejamos influir por sus palabras. Con la práctica asidua, superaremos este problema y la lectura del aura empezará a dar resultados satisfactorios. Empezaremos a percibir los colores, que al principio nos suponía cierta dificultad. Las primeras veces, los colores nos parecerán pálidos, casi evanescentes; otras, se manifestarán en forma de mancha. Para alcanzar una visión nítida, hay que perseverar.

La red etérica de los nados

Por el cuerpo etérico circula el prana, o energía vital etérica. Su presencia puede visualizarse a través de la lectura áurica:

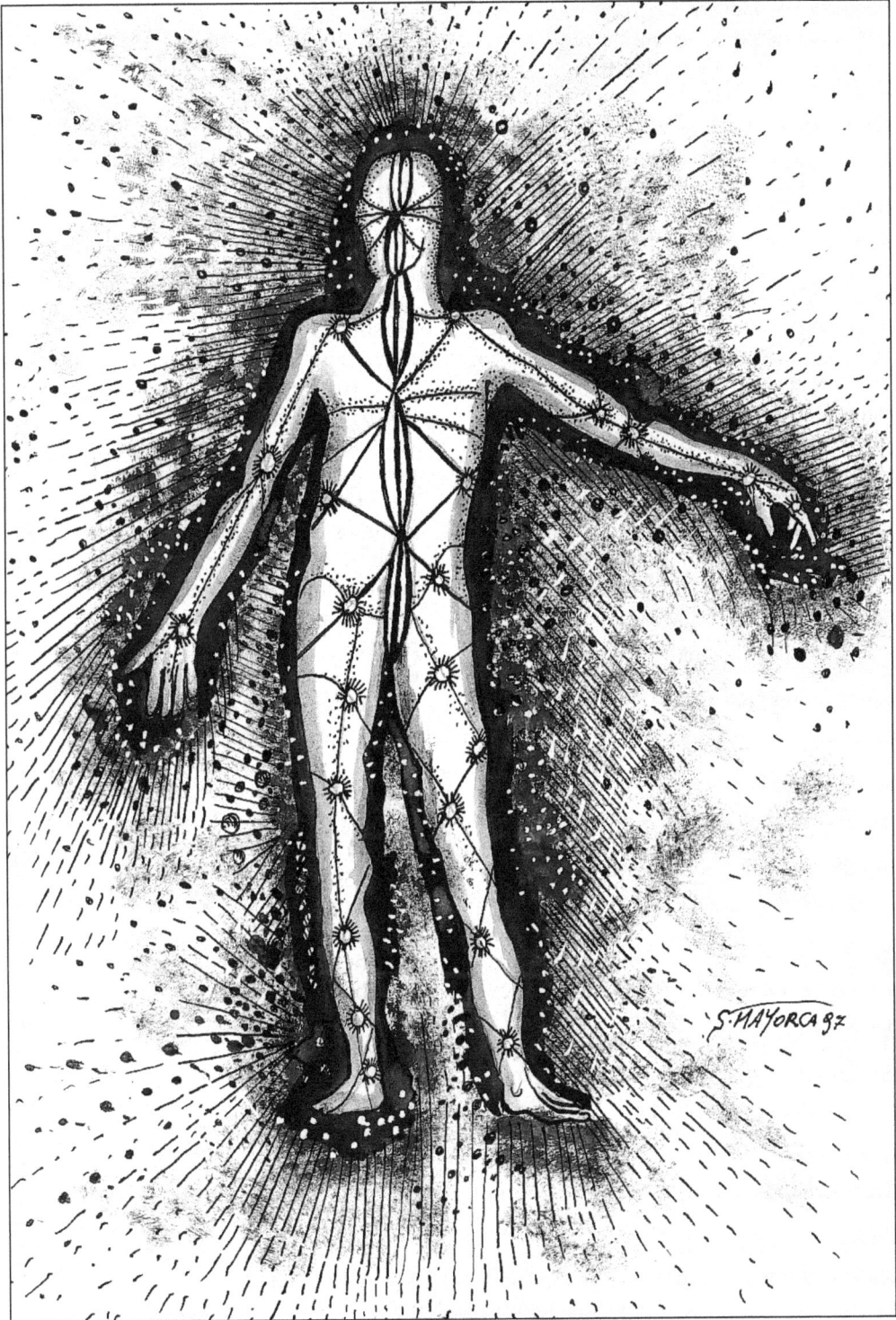

Los nados o red etérica

de hecho, el prana es transportado por una red sumamente compleja de *venas blancas* que se ramifican por todo el organismo, al igual que el sistema circulatorio de la sangre. La tradición llama *nados* a estos vasos. La red de nados no se muestra nunca entera, ni aun a los experimentadores más expertos, aunque puede percibirse tal o cual parte concreta.

Hay tres tipos de nados, de distinto diámetro y con características de irradiación diferentes. Los más fáciles de captar son los que discurren por las piernas, el busto y la columna vertebral. El principal —llamado *Sushumna*— se encuentra en el centro de la espalda y en su interior yace adormecida Kundalini, la fuerza extraordinaria que puede despertarse gracias a prácticas yóguicas. En el cuerpo humano, hay millares de nados (denominados *puntos de dinamización*), y cada una de sus intersecciones se corresponde con un punto significativo para la vitalidad del hombre; algunas son sumamente importantes, puesto que son centros de fuerza sobre los que volveremos más adelante en el capítulo «Chakras: los siete puntos radiantes del hombre» (véase pág. 103). Los nados llegan también hasta la cúspide de la cabeza, donde se halla el centro coronal áurico al que ya hemos aludido.

La estructura reticular de los nados puede ser visualizada en su globalidad —aunque de manera indirecta— observando a la persona de frente, de perfil y de espaldas, aunque para obtener este resultado, hay que practicar durante mucho tiempo.

Los relieves áuricos

Empezando a practicar con seriedad la lectura de los cuerpos sutiles, pronto comprobaremos que en nuestro campo visual se interfieren formas, en apariencia espúreas, que se superponen tanto a la envoltura áurica como al cuerpo físico. Al principio, aparecen de modo esporádico, casi repentino; luego, con una periodicidad regular. Esto no tiene nada de raro, ya que forma parte del proceso normal de visualización. Es indispensable dar a estas formas la misma importancia que concedemos a los colores, ya que nos indican la potencialidad, los trastornos, las aspiraciones y las dificultades de una persona. Por ejemplo, ciertas auras se muestran más amplias o más luminosas que otras; en ocasiones, adoptan el aspecto de una llama que se mueve de derecha a izquierda, como si fuera mecida por un viento invisible; en otras, se producen desdoblamientos de imágenes que crean la ilusión de que una misma persona tiene varias auras. A continuación, analizaremos las principales peculiaridades geométrico-cromáticas del aura, o relieves áuricos: protuberancias, cavidades, pérdidas, desfases, manchas, estrías y destellos de luz.

Las protuberancias áuricas

El aura no siempre tiene las mismas características ya que puede también presentar protuberancias grisáceas y estáticas, en el área etérica contigua a la vértebra cervical y los hombros. Estas protuberancias, o hinchazones, se deben a desechos áuricos, es decir, residuos de energía vital que el cuerpo no ha conseguido expulsar de una forma natural. Su presencia es sumamente negativa, puesto que bloquea la circulación normal del prana en el cuerpo etérico. La falta de ejercicio físico, la ansiedad y el nerviosismo explican en parte este fenómeno.

Las protuberancias también pueden manifestarse en otras partes del organismo como junto a las principales articulaciones: codos, muñecas, tobillos o cintura.

Las cavidades etéricas

También debemos considerar negativa la presencia de cavidades en el cuerpo etérico, ya que es signo de mala circulación del prana en los nados de la zona en cuestión, con la consiguiente pérdida de energía de la envoltura sutil.

Cuando a la altura de la cavidad etérica haya una nebulosidad de color gris antracita, nos encontramos ante una fractura o una grieta ósea.

Las pérdidas etéricas

En ocasiones, puede observarse a la altura de las muñecas o en el hueco de la mano una emanación de color grisáceo, signo de un fenómeno de dispersión de energía vital; si la persona se encuentra de perfil, veremos con facilidad cómo estas pérdidas se cuelan a través de brechas o fisuras de la envoltura sutil.

Los desfases áuricos

Las envolturas etérica y áurica pueden presentarse desfasadas, es decir, desplazadas una de la otra y en relación a la silueta del cuerpo físico. Este fenómeno puede deberse a tres causas —en realidad, tres estados psicofísicos— diferentes.

En el caso más frecuente, el desfase áurico se asocia con un estado patológico caracterizado por vértigos asiduos, jaqueca e insomnio.

El desfase también puede obedecer a un estado de depresión psíquica, característica de personas cuya vida está marcada por ciclos de exaltación y desánimo, combinados con una especie de fobia que les impide afrontar la vida diaria.

Por último, el desfase respondería a una influencia exterior. Esto ocurre cuando el escudo del cuerpo etérico no filtra las energías negativas, que alcanzan el núcleo del aura y lo debilitan. La mayor parte de las veces, se trata de una debilidad congénita.

Las manchas áuricas

Las manchas áuricas no deben confundirse con las manchas cromáticas, de las cuales ya hemos hablado en el capítulo anterior. El aura de color naranja oscuro, por ejemplo, presenta rastros amarillos o destellos de luz amarilla, que se pueden confundir con las manchas por su forma peculiar pero similar a una mancha. Sin embargo, las manchas áuricas son harina de otro costal, tanto por su significado (indican una disonancia) como por su aspecto, ya que se presentan nebulosas y opacas, normalmente de color gris oscuro, como una masa de humo muy denso. Además, los matices del aura son menos densos que las manchas y presentan gradaciones de color más suaves.

Si la mancha se localiza en un punto preciso, en el cual la coloración oscura es más intensa, quiere decir que la persona padece un trastorno que se ha vuelto crónico, como una úlcera, una gastritis o una colitis de cierta entidad. Sería conveniente detectar las manchas en la fase embrionaria, cuando la enfermedad aún no se ha desarrollado, es decir, que sólo se manifiesta por el momento en un nivel psicosomático.

Las estrías áuricas

Las estrías áuricas también se deben a una disonancia interna provocada por alguna enfermedad. Al igual que las manchas, son de color oscuro y pueden indicar la presencia de una dolencia en proceso de hacerse crónica.

Resplandores y chispas

Los resplandores y las chispas que a veces se detectan en el aura vital son síntoma de agresividad o nerviosismo. Los destellos de luz, asimismo, indican movimiento y dinamismo, por lo que pueden ser sintomáticos de un temperamento tendente a la acción.

En otras ocasiones, las pulsaciones de luz denuncian la presencia de un estado de ansiedad o alteraciones emotivas.

Las chispas, por el contrario, similares a llamitas, señalan una inflamación o infección, sobre todo si se presentan en el área de un órgano concreto. El color de las chispas es gris-rosa.

Los siete niveles del campo energético humano

El campo energético humano posee siete niveles, a cada uno de los cuales le corresponde una frecuencia de vibración específica y una configuración propia de líneas de fuerza en torno al cuerpo físico (las líneas de fuerza conectan los puntos de igual intensidad del campo).

A los niveles impares (primero, tercero, quinto y séptimo) les corresponde una irradiación deslumbrante y continua, debida a una sustancia única, similar al plasma, densa y multicolor. En los niveles pares (segundo, cuarto y sexto), se manifiesta la llamada *energía informe*, debida a distintas sustancias: gaseosa en el segundo nivel, fluida en el cuarto y etérea en el sexto.

La armonía de los diversos niveles, también llamados *cuerpos energéticos*, es importante tanto para la salud del cuerpo como para nuestras experiencias vitales en general; de hecho, los siete niveles del campo áurico se corresponden con otros tantos niveles de experiencia.

El primer nivel

El primer nivel se asocia con todas las sensaciones físicas, agradables o dolorosas. Cada vez que sentimos un dolor continuado, se debe a una disfunción del primer nivel del aura.

El primer nivel es sutil y de color claro.

El segundo nivel

El segundo nivel remite a los sentimientos y las emociones que sentimos respecto a nosotros mismos. Cuando nuestros pensamientos son positivos, se manifiestan en este nivel formaciones cromáticas muy intensas, debidas a masas de energía nebulosa y coloreada; y al revés, los sentimientos negativos originan formaciones cromáticas oscuras y opacas, a causa de un estancamiento energético.

Wilhelm Reich, que dedicó su vida al estudio de la energía vital, o bioenergética, llamaba a la energía vital con el nombre de *energía orgónica* y, a la energía estancada, *energía orgónica muerta*. Las formaciones cromáticas oscuras del segundo nivel del campo energético humano crean estancamientos también en el cuerpo físico; obstruyen el organismo, impidiendo que funcione de manera equilibrada. Con el tiempo, las energías estancadas del segundo nivel transmiten su negatividad al primero y al tercero, y así sucesivamente, desencadenando una reacción en cadena capaz de desestabilizar los siete centros energéticos.

Muchas personas impiden que sus sentimientos fluyan libremente y, de este modo, crean un estancamiento; esto quiere decir que la persona en cuestión no se acepta a sí misma, no se gusta. Wilhelm Reich definía la acumulación energética como *bloqueo emotivo* y los problemas con él relacionados, como *peste* emocional.

El tercer nivel

Este nivel se conecta con la esfera mental y racional. Su estructura es muy delicada, comparable a la trama de un velo muy fino. Sus líneas energéticas son de color amarillo limón claro, y sus pulsaciones provocan fenómenos de luminiscencia cambiante. La integridad de este nivel energético facilita las funciones intelectivas de aprendizaje, la agilidad y la lucidez mental. Y viceversa: una forma de pensar negativa ralentiza el ritmo de la pulsación, a través de las llamadas *formas-pensamiento negativas* (las formas-pensamiento son imágenes mentales concretadas —o precipitadas, que dirían los alquimistas— en formas visibles). La energía se encuentra en constante movimiento, y el movimiento es sinónimo de vida. Si se reduce, fácilmente se manifestarán formas depresivas y estados de alteración psíquica.

El cuarto nivel

El cuarto nivel áurico corresponde a la relación que mantenemos con nuestros semejantes y con la creación en general; no importa si *lo otro* es materia o energía, ni si pertenece al reino animal o al vegetal. El cuarto nivel contiene el núcleo originario de la esfera de los sentimientos respecto al prójimo. Su energía es considerablemente *más densa* que la de los demás centros energéticos. Además, su cromatismo es multicolor. Su mal funcionamiento produce una vibración de frecuencia muy baja, como si procediera del movimiento de un fluido oscuro y denso; podríamos definir esta manifestación con el nombre de *mucosa*

áurica. De hecho, al igual que el moco que se acumula en las vías respiratorias, la sustancia áurica mucosa debilita el organismo y causa pesadez, dolores, vértigos y agotamiento. Con el tiempo, estos síntomas se llegan a somatizar, dando origen a alguna enfermedad crónica.

El quinto nivel

El quinto nivel energético corresponde a la voluntad universal o matriz cósmica, que compendia todo nuestro bagaje evolutivo. Su vibración intensa lleva aparejada miríadas de sutiles líneas azules, palpitantes de luz. Este nivel, que está en contacto directo con el primero, gobierna la voluntad; de hecho, las intuiciones que nos permiten desarrollar nuestro perfeccionamiento interior proceden de la zona energética del quinto nivel. Una disminución de la intensidad energética del quinto nivel acarreará una alteración del equilibrio personal, la vida se precipita en el caos y se produce un progresivo alejamiento de los valores humanos.

El sexto nivel

La energía de este nivel, que posee una frecuencia muy alta, se manifiesta como una luminosidad opalescente, que incluye todos los tonos del arco iris. El sexto centro áurico remite a la esfera espiritual; por ello, el despertar del sentido de lo sagrado, presente en todos los seres humanos, depende de este nivel. Su eventual disfunción genera fanatismo religioso, exaltación espiritual y delirio místico.

El séptimo nivel

El séptimo y último nivel áurico aparece como un conjunto de rayos dorados; en ello reside el escudo áurico, que regula las energías que entran y salen del campo vital. Por otro lado, este nivel preside la conservación de la energía, es decir, impide que las energías negativas penetren dentro del aura vital. Una posible disfunción del séptimo nivel causa desorden en la estructura áurica y provoca la infiltración de corrientes negativas que alteran el equilibrio psíquico de la persona, provocando una posible degeneración del estado patológico en perturbaciones psicóticas muy graves.

El aura es un campo energético que el experimentador experto percibe mediante estructuras y fenómenos característicos. Ya estamos familiarizados con la estructura reticular de los nados o red áurica; hemos comprendido la importancia del cromatismo del aura y de sus peculiaridades geométrico-cromáticas, que hemos denominado *relieves áuricos*.

Por último, hemos descrito con detalle los siete niveles del campo energético humano.

Ahora, podemos proseguir con nuestra investigación, cada vez más profunda, sobre el mundo de la energía sutil.

La estrella radiante

El sostén de la energía vital se halla en el centro umbilical, el *centro radiante activo* en el que antiguamente, se creía que residía el alma y donde se produce una concentración de energía animada por un movimiento vertiginoso, caracterizada por una luz deslumbrante de color oro. Esta es la energía creativa del hombre, conectada con el subconsciente. De esta energía se benefician los artistas.

En la antigua China, el centro radiante activo se desvelaba con unas técnicas especiales para que se desplegase la llamada *fuerza interna* (o *Tan T'ien*), empleada para distintos fines, desde la contemplación a las artes marciales. Los legendarios monjes Shaolin, del monasterio chino de Sieu-lam, conocían el poder de la zona umbilical y lo utilizaban para adiestrar a los guerreros Ninja, ya en el siglo VI a. de C. Asimismo, las disciplinas *Tao-yoga* echan mano del centro radiante activo. Los japoneses llaman a su energía *Hara*.

El centro umbilical, donde convergen la vida y la muerte, es el responsable de la formación y la evolución de la personalidad; en este punto, se aloja el misterio de los orígenes del hombre y de toda la creación.

Su energía se manifiesta en el aura como un núcleo de fuerza, llamado *estrella radiante*, unos centímetros por encima del ombligo. La luz emanada por el núcleo es sumamente brillante y blanca. No es fácil verla, para ello se necesitan años de trabajo y, al principio, cuando el experimentador aún no está consolidado en su disciplina, no aparecerá en todo su esplendor.

El desarrollo caracteriológico del individuo depende del centro umbilical, cuya fuerza interna cumple un papel decisivo en el equilibrio de todo el campo vital. Un eventual bloqueo energético puede acarrear consecuencias muy graves, como trastornos de la personalidad, manías persecutorias o tendencias suicidas.

Este bloqueo puede tener orígenes diversos. Uno es la apatía, o sea, la actitud pasiva respecto al entorno propio de quien se aísla y se vuelve inerte, tanto física como intelectualmente. El movimiento circulatorio de la energía del centro umbilical sufre entonces una ralentización gradual y la energía, que no

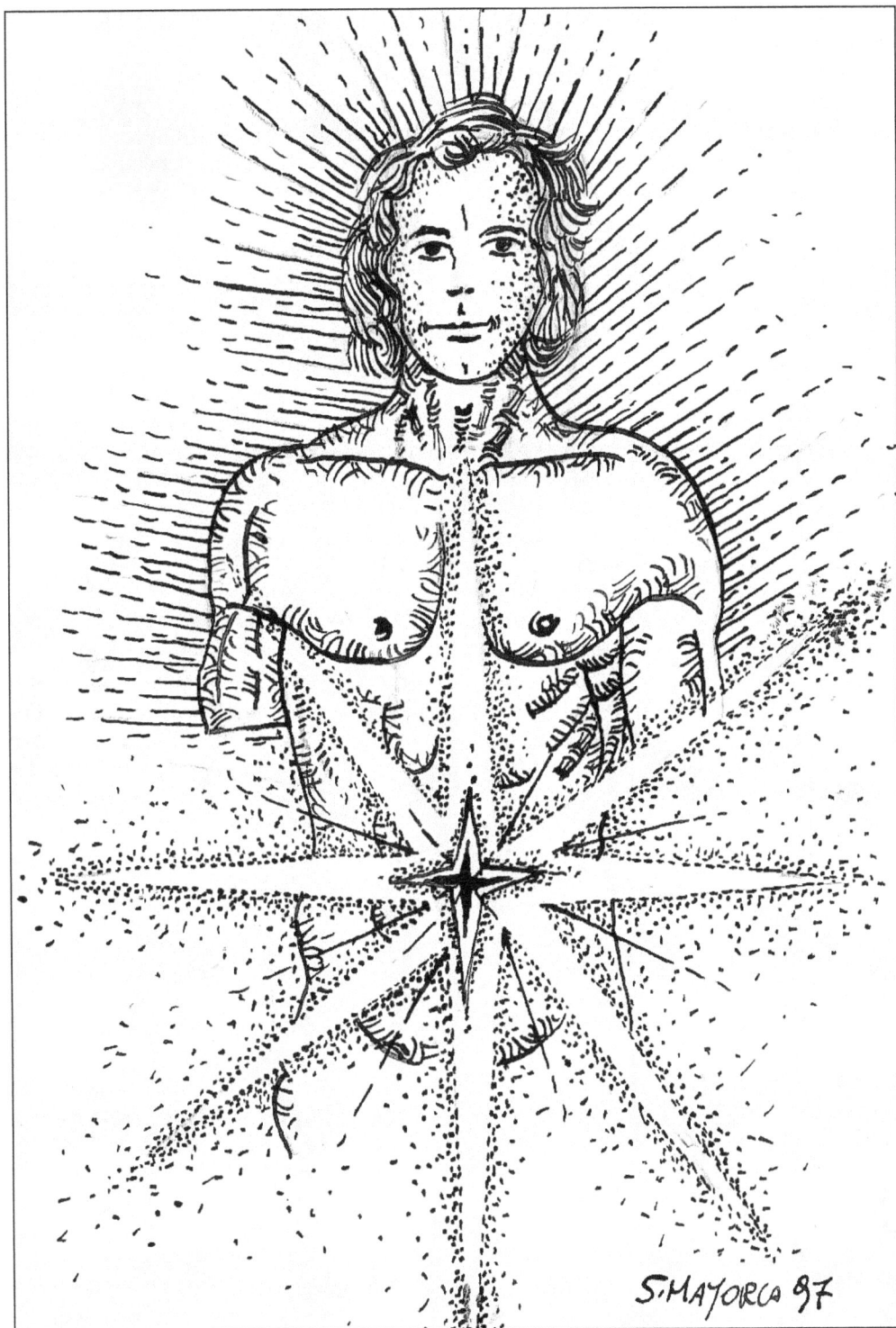

La estrella radiante o centro energético umbilical

puede seguir circulando libremente, primero se estanca y más tarde implosiona, es decir, se produce un aflojamiento repentino hacia dentro, una especie de cortocircuito áurico que se extiende a todo el aparato áurico-etérico.

El centro radiante representa simbólicamente el centro del universo; por ello, está conectado con el aura del planeta.

El *aura mundi*

Los antiguos denominaban *anima mundi* (alma del mundo) al aura del planeta o aura planetaria, a la que contribuían, con sus respectivos cuerpos etéricos, los animales, los vegetales y los minerales. Para circunscribir mejor el concepto, aquí se hablará de un *aura mundi*, aunque en ambos casos se trata del mismo *continuum* en el que nos movemos, vivimos y existimos.

Las energías contenidas en el *aura mundi* se funden con las nuestras, permitiéndonos intuir tormentas, inundaciones o terremotos que se producen incluso a miles de kilómetros. Claro que no todos los perciben del mismo modo, pero los sensitivos incluso pueden interpretar las corrientes magnéticas del planeta, aun las de mínima intensidad.

La humanidad entera está hermanada, junto a las especies animales y vegetales, mediante el campo energético del aura planetaria, que alimenta todo lo que vive en ella. Vivir en sintonía con la naturaleza significa fundirse armónicamente con el *aura mundi*. Cuando el hombre, parte integrante de la naturaleza, se encuentra en constante comunión con el Todo y con las energías universales, el desarrollo de su aura será correcto y armonioso; en cambio, el aura de quien se separa de las energías naturales del planeta perderá gradualmente intensidad y su desarrollo interior se detendrá, o incluso retrocederá. En la actualidad, se ha perdido de vista la unidad del todo, de la cual los antiguos eran perfectamente conscientes; en efecto macrocosmos (universo) y microcosmos (hombre) están unidos de modo indisoluble, como enseñan las doctrinas herméticas. Esta unión es la que da vida al hombre universal, al hombre nuevo.

Hay periodos en los que el remolino del aura planetaria se expande, llevando las energías del cosmos en una medida superior a lo normal; esto suele ocurrir en consonancia con tormentas electromagnéticas solares. Los ejercicios al aire libre que se describen en las páginas anteriores también se proponen facilitar la sintonización del aura personal con el *aura mundi*.

El gráfico áurico

En este apartado, presentamos otro ejercicio concebido para visualizar los perfiles áuricos de una persona, utilizando la memoria visual. El ejercicio se suele llevar a cabo en nuestro espacio habitual de experimentación (o laboratorio), en el que dispondremos una superficie plana recubierta con una tela de color blanco; bastará con la mesa que utilizamos anteriormente para la *lectura* etérica de los objetos. También contaremos con un cuaderno de dibujo y lápices de colores, y los dejaremos sobre la mesa ya que los necesitaremos en la segunda parte del ejercicio.

Como siempre, regularemos la intensidad de la luz artificial y pediremos a nuestro colaborador que se sitúe a unos veinte centímetros y de espaldas a la pantalla visual. Nos colocaremos delante de él, a unos cuatro metros de distancia, y nos concentraremos liberando la mente de cualquier pensamiento.

Hay que respirar profundamente y buscar un punto ideal, situado tras la espalda de nuestro ayudante. Una vez hecho esto, se debe fijar la vista en el punto elegido hasta que se nuble ligeramente. En ese momento, empezaremos a ver los contornos del campo vital; luego, poco a poco, percibiremos las primeras manifestaciones cromáticas. En ese momento hay que observar con atención lo que aparece en el campo áurico del ayudante y memorizar el más mínimo detalle. Cuando la visión empiece a desvanecerse, hay que plasmar inmediatamente en un cuaderno todo lo que recordemos: la forma y los colores del aura, la disposición de estos, las manchas, los posibles relieves áuricos (protuberancias, desfases), etc.

De este modo, habremos realizado el gráfico áurico, que puede ser estudiado a continuación con toda tranquilidad. Su análisis nos permitirá establecer la estructura caracteriológica de la persona, sus debilidades y sus méritos, así como las posibles disfunciones patológicas.

Dicho método implica la utilización de la memoria, que es un medio indispensable en este tipo de investigación. De hecho, la visión del aura tiene una duración limitada y, cuando cesa, parece un acontecimiento lejano; por tanto, debemos ejercitarnos en fortalecer la memoria, para evitar que aquello que hace un momento parecía claro, se disuelva con rapidez.

El ejercicio propuesto es muy importante tanto para los fines del trabajo como para nuestro perfeccionamiento espiritual.

En cuanto a la investigación, ampliaremos nuestro análisis a la caracterización del aura de otras personas. Dispondremos así de cierto número de bocetos áuricos, momento en el cual necesitaremos abrir un archivo; al principio, bastará con un cajón metálico. En él guardaremos una ficha de cada persona, en la que incluiremos datos personales y sus características generales, y los bocetos

en color producto de las sesiones de lectura áurica. En el reverso de los bocetos anotaremos todos los detalles del campo vital dignos de consideración.

Este archivo revelará su utilidad cuando, examinando retrospectivamente la historia de una persona, queramos analizar todos los fenómenos de su aura vital. Por ejemplo, si en la lectura áurica de un día concreto se evidencia un trastorno latente, podemos comparar el aura actual con las anteriores, y sacar las conclusiones pertinentes.

Transcurrido un tiempo, cuando hayamos examinado de nuevo el aura de aquella persona, podremos anotar las transformaciones del campo vital y sus trastornos orgánicos, conectados con el campo etérico.

La creación del archivo nos permitirá afrontar el estudio de las energías sutiles de una forma seria y profesional. Por otro lado, podremos evaluar los progresos que hemos realizado a lo largo del tiempo; recordemos que la investigación etérica se basa fundamentalmente en las experiencias perceptivas, razón de más para registrar los resultados.

El sonido del silencio

Veamos ahora, en este apartado y en los dos siguientes, algunas técnicas psicoáuricas que ayudarán al lector a progresar y desarrollar aún más su sensibilidad y receptividad.

Los grandes maestros del pasado buscaban el momento y el lugar que les permitieran permanecer largo rato en silencio. En el silencio, el aura vital se refuerza, se abren las puertas de la percepción y nuestro poder latente empieza a despertarse. Se dice que *el silencio es oro*, afirmación que contiene una verdad fundamental, más profunda de lo que suele pensarse.

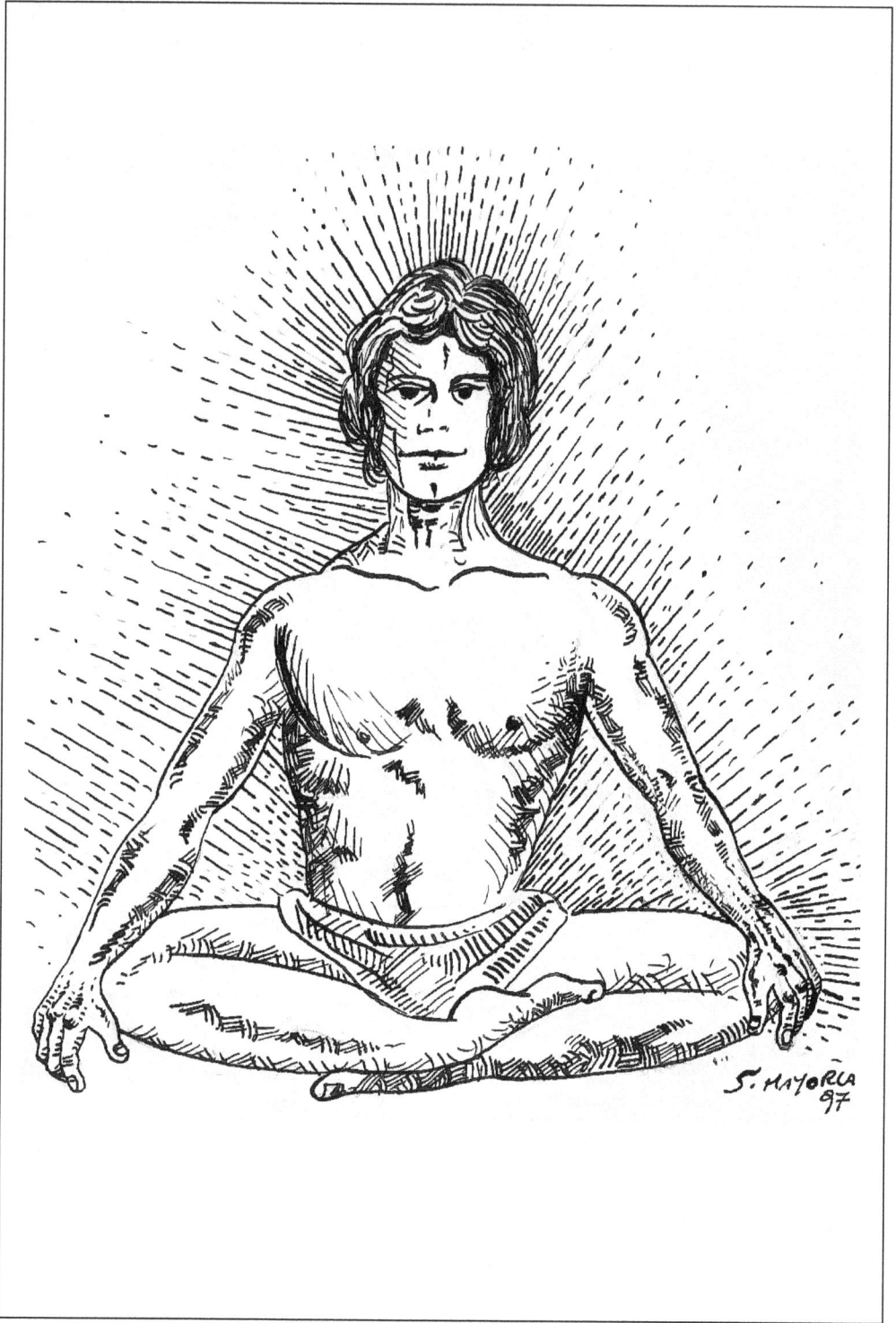

Padmasana *o postura del loto*

Cuando nos aislamos en un lugar tranquilo, ya no tenemos que seguir hablando, entramos en contacto con ciertas energías y percibimos el *sonido del silencio.*

Más que de un sonido, se trata de una vibración intensa y extensa, nada fácil de describir. De repente, la paz nos envuelve. El tiempo parece detenerse y la atmósfera de cristal, queda suspendida, inmóvil, invadida por el sonido del silencio, que nos atraviesa de un modo muy agradable, haciéndonos vibrar. La mente, libre de cadenas, se expande y supera los límites de la materia, adentrándose en la dimensión etérica.

Aun así, no todo el mundo es capaz de aislarse y prescindir de la comunicación verbal. El hombre moderno parece necesitar el estrépito como el aire que respira, ya que no concibe la idea de estar a solas con sus pensamientos y, a menudo, incluso le horroriza pensar en semejante perspectiva. La dimensión del silencio, en cambio, es fundamental para nuestro equilibrio. Cuando nos hayamos acostumbrado al silencio e incluso seamos nosotros quienes lo busquemos, se habrá operado en nuestro interior una transformación que nos permitirá proseguir con el trabajo de lectura del aura de forma más completa y con una mayor sensibilidad hermenéutica; esto es, nuestra interpretación será más profunda.

Para la práctica de este ejercicio del silencio, la postura posee una enorme importancia.

Debemos elegir una postura que favorezca la correcta circulación del prana.

Empecemos por una posición muy habitual en las artes marciales (que exigen introducirse en una dimensión silenciosa). Colocamos una estera de paja en el suelo y la cubrimos con una tela de algodón blanca. Nos arrodillaremos hasta sentarnos sobre los talones, apoyando las manos en los muslos con las palmas hacia abajo.

Ahora, cerramos los puños manteniendo los pulgares dentro de las manos y cerramos los ojos, escuchando el sonido del silencio.

Si esta postura, por uno u otro motivo, no nos parece idónea, probaremos con el *padmasana* o postura del loto. Es la clásica *asana* (postura) utilizada en las técnicas yóguicas. La espina dorsal está recta y las piernas, cruzadas cuidadosamente. El pie derecho reposa sobre el muslo izquierdo y el izquierdo, debajo del muslo derecho, como se ve en la ilustración de la pág. 66. Para los occidentales, este *asana* presenta ciertas dificultades.

Veamos una tercera *asana,* que es la más sencilla, llamada *postura divina.* Nos ponemos sentados en una silla, con la espalda muy recta, aunque sin forzar la columna vertebral. Para entendernos, la cabeza, los hombros y la espalda debe estar alineados entre sí, juntas las piernas y las manos abiertas, con las palmas hacia abajo, sobre los muslos. Esta postura divina ya era conocida en el antiguo Egipto, como vemos en las imágenes estatuarias de los faraones.

Debemos elegir una de estas tres posturas, la que nos resulte más cómoda, y ejercitar durante mucho tiempo la técnica de la percepción del silencio. Cuando nos satisfagan los resultados obtenidos y no tengamos dificultad en repetir el ejercicio, pasaremos al que se describe a continuación.

Aislamiento psíquico en lugares atestados

Debemos aprender a aislarnos y entrar en contacto con nuestra parte interior incluso en condiciones adversas, por ejemplo, en medio del estrépito. ¿Por qué, nos preguntaremos, debemos ejercitarnos en hacer algo que parece carecer de utilidad?

Todo lo contrario, el ejercicio que proponemos es sumamente útil, ya que con el tiempo nos permitirá transformarnos a nosotros mismos transformando nuestra naturaleza, perdiendo la rigidez habitual y ganando flexibilidad, elasticidad y receptividad.

Este ejercicio nos permitirá percibir prácticamente cualquier presencia energética, incluso en situaciones en las que, por lo común, nos resultaba imposible concentrarnos.

En otras palabras, este ejercicio dilatará nuestra facultad de lectura del campo vital.

El ejercicio es el siguiente. Siempre que nos hallemos en un lugar público, trataremos de aislarnos de las personas que nos rodean y de establecer comunicación con nuestra naturaleza interior. Veremos que las voces y ruidos de fondo se atenúan progresivamente hasta desaparecer por completo, siendo sustituidos por la vibración cósmica, o el sonido del silencio; este invadirá todo nuestro ser, nos alejará del ámbito físico y nos conducirá hasta la dimensión etérica sutil. Al principio nos costará mucho despegarnos del ambiente circundante y, con frecuencia, puede que nos veamos arrastrados de nuevo por el caos que nos rodea.

En tal caso, tendremos que empezar desde cero, hasta que nuestro ahínco se vea coronado por el éxito. Con la práctica, comprobaremos que aislarnos en medio de la barahúnda no es tarea imposible.

Respiración cromática

Se trata de un ejercicio que complementa a los anteriores. Su práctica constante implica una ventaja doble: por un lado nos permitirá percibir con mayor claridad los colores del aura, y por otro nos ayudará a regenerar nuestro campo vital.

El ejercicio, en sí mismo, es bastante sencillo, aunque se precisa cierto empeño.

Sentados en una silla en la *postura divina*, nos relajaremos todo lo que podamos; entonces pensaremos en un color cualquiera, nos concentraremos en él e imaginaremos que penetra en nuestro interior.

Debemos sentir circular su energía, percibir su intensidad.

Luego, inspiraremos profundamente y contendremos la respiración durante siete segundos (contando mentalmente hasta siete); espiraremos.

El color penetra en nuestro cuerpo etérico en forma de energía cromopsíquica, y sus peculiaridades confluyen en el sistema áurico.

La espiración sirve para expeler los residuos de materia inerte.

Si repetimos el ejercicio que acabamos de presentar con el mismo color, veremos que la percepción resulta cada vez más nítida y que sus cualidades fluyen realmente dentro del aura.

Con el tiempo, ese color se convertirá en parte nuestra y seremos capaces de evocarlo en su plenitud sólo con el pensamiento.

Esto favorecerá nuestra facultad de lectura áurica relativa a este color. A continuación conviene practicar con los demás colores (rojo, naranja, amarillo, verde, azul, rosa, añil y violeta) con el mismo método, dejando que sea el azar el que decida el color.

Por último, tendremos en cuenta que el gris, el negro y el blanco, al ser tonalidades constituidas por una energía demasiado pesada, no prevén ejercicios de respiración cromática.

RECAPITULACIÓN DE LOS EJERCICIOS

Estos tres ejercicios —escuchar el silencio, aislarse en lugares atestados y respiración cromática— poseen una enorme importancia para el desarrollo de las facultades perceptivas, una vez finalizada la experimentación áurica. Como es obvio, y según se ha repetido varias veces, no hay que saltarse ninguna de las fases de aprendizaje, antes bien debemos proceder con orden y seguir las indicaciones tal y como se han descrito. Por lo demás, el orden propuesto para los ejercicios no es casual, sino que responde a criterios concretos.

Por lo que respecta al ejercicio de la respiración cromática, vale la pena añadir a cuanto se ha dicho que facilita la compenetración del aura con la del ayudante con el que hemos llevado a cabo la investigación en el campo de la energía sutil. Su aura se irá convirtiendo poco a poco en el polo sur de un campo común, mientras que la nuestra se desplazará hacia el polo norte. De este modo, se establecerán entre ambos unas corrientes de energía muy intensas, que reforzarán las auras vitales respectivas.

Este fenómeno de compenetración de las auras se produce de forma general, con independencia del ejercicio en cuestión, y se manifiesta siempre que dos personas mantienen un acuerdo íntimo. Sin embargo, también presenta un aspecto negativo, puesto que cuando el aura de una persona invade de manera permanente la de otra, puede suscitar un episodio de dominio mental. El intercambio áurico entre el experimentador y el colaborador, una vez finalizada la investigación, genera en realidad únicamente corrientes energéticas beneficiosas.

El aura astral, mental y causal

El aura astral

El hombre vive inmerso en su materialidad, concentrado en las necesidades y deseos que dominan sus pensamientos. Su mente es esclava de las pasiones y de todo aquello que estimula su sed de poder. En otras palabras, el hombre presenta un cuadro complejo de manifestaciones psico-emotivas, presidido por una estructura emocional, llamada *aura astral* o *aura emocional*, que refleja fielmente los deseos de la persona y su *ego* inferior (o personalidad material). Su irradiación se caracteriza por su gran movilidad cromática.

En el interior del aura astral tienen lugar agitaciones energéticas tumultuosas, debidas a las tormentas interiores y afectivas; aquí se suscitan los fantasmas pasionales, las ambiciones y las morbosidades más recónditas.

Desde un punto de vista geométrico, el aura astral reproduce la forma del cuerpo material, aunque de una forma aproximada y más basta que el cuerpo etérico.

El conocimiento de la envoltura astral permite captar la personalidad más auténtica de una persona.

Quien posee una envoltura astral alterada adolece de falta de equilibrio, está sometido a pasiones violentas y deseos imposibles de realizar, y se ve impelido a llevar a cabo acciones execrables y carentes de lógica. El aura emocional, donde se alojan todos los deseos, puede reequilibrarse con el razonamiento y el autocontrol.

El aura mental

El razonamiento y la capacidad de discernir entre el bien y el mal distinguen al hombre, que posee conciencia de sí mismo y de su existencia, de los animales. El hombre tiene el privilegio de ser dueño de sus actos, puede cometer una acción benéfica o malévola, con plena lucidez mental, conscientemente. Razón, intelecto y capacidad de abstracción son prerrogativas típicas y exclusivas del ser humano.

La envoltura etérea que preside los mecanismos del razonamiento se desarrolla por fuera del aura astral y se denomina *aura mental*. Sus contornos son más bastos que los del aura astral, aunque en conjunto resulta bastante antropomórfica, especialmente en la parte superior del cuerpo: busto, brazos y cabeza. La irradiación del aura mental presenta una especie de gigantismo grotesco que, con frecuencia, revela las tendencias del ser.

El aura mental es mucho más estable que la astral, ya que en ella se alojan el discernimiento y el pensamiento atemperado. En su interior se suscitan los procesos mentales que originan las ideas y que, a través de la razón, permiten reequilibrar los conceptos desarrollados de una forma anormal por nuestra facultad

El aura astral: espejo de las pasiones

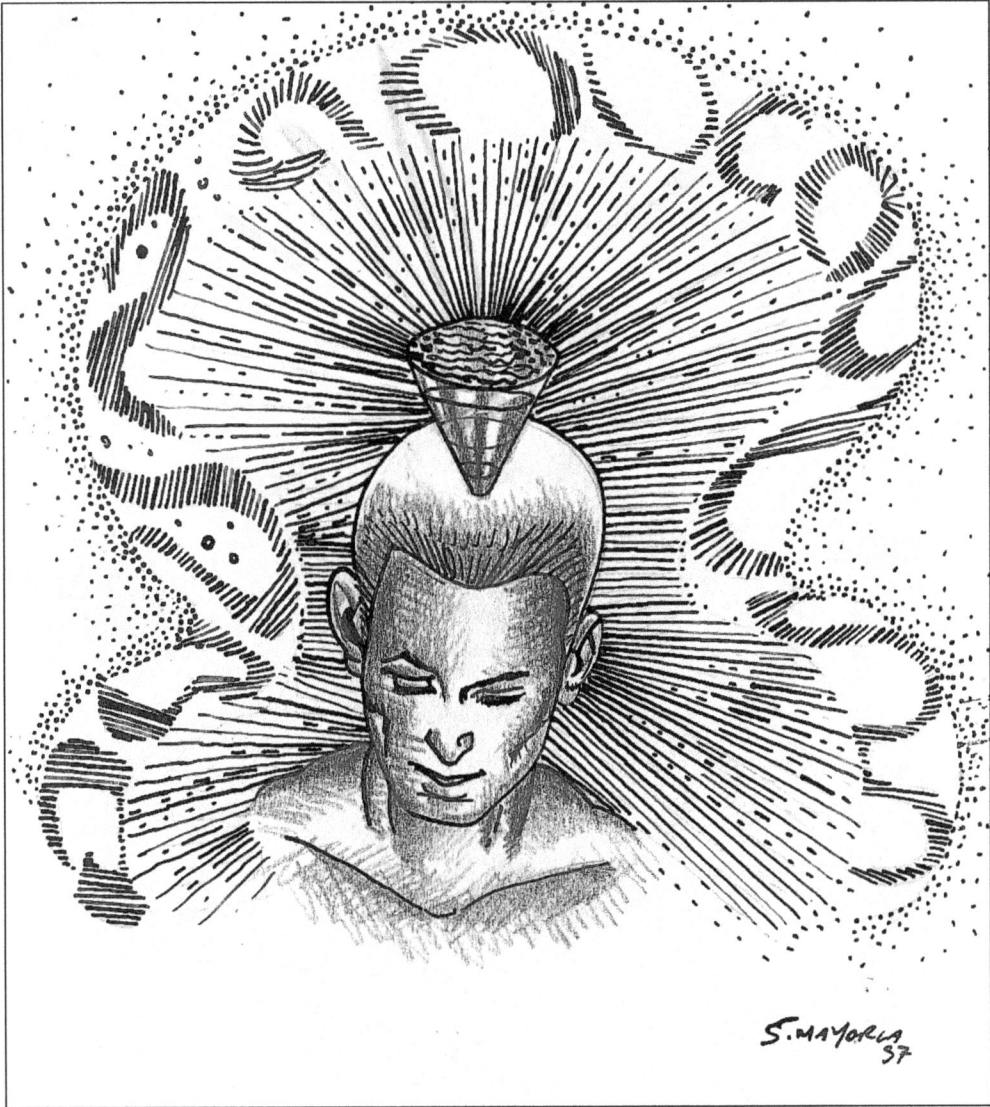

El aura mental: la conciencia existencial

imaginativa. Gracias al aura mental, pueden visualizarse los resultados de nuestras decisiones antes de que se conviertan en actos concretos; por tanto, podemos considerarla como un órgano de autocontrol, pues nos ayuda a ponderar y reflexionar antes de emprender algo potencialmente nocivo para los demás o para nosotros mismos.

El aura causal

El origen de todos los seres humanos está envuelto en el misterio. Nuestro bagaje evolutivo no depende únicamente de quienes nos han traído materialmente al mundo, sino de la matriz cósmica que nos hace únicos y, en cierto sentido, inimitables. De hecho, existe una causa

El aura causal: el mundo de los orígenes

desconocida que se encarga de trazar nuestro destino de un modo indescifrable.

Aunque una persona trate de sustraerse a su destino, como decimos habitualmente —o, según prefieren decir otros, a la influencia kármica—, no logrará por ello escapar a las leyes de la causalidad que gobiernan nuestra existencia. Cada cual sigue su camino, ya sea bueno o malo, y a pesar de que sus acciones estén condicionadas por su voluntad, un *quid* recóndito lo devuelve a los orígenes, a sus orígenes. Este estado de necesidad existencial repercute en el aura causal, en la que se refleja el *mundo de las causas* que hacen de los seres terrestres lo que son, con su personalidad, sus potencialidades, su constitución física, etc.

La noción de causa implica la de efecto: así pues, en el aura causal debemos buscar el origen de las estructuras dominantes y de la patología del individuo, su campo de acción y su nexo con el universo. El mundo de las causas encierra el misterio que hace al hombre múltiple, del genio al imbécil, pasando por el artista, el matemático, el científico, el músico, el actor, el mediocre o el hombre superior.

El aura causal se presenta como una especie de trapecio, cuya base inferior es más pequeña que la superior y sobre el cual se erige una semiesfera o una esfera completa. El contorno de su irradiación evoca el de una forma humana de hombros bien torneados, como si estuvieran forrados, y brazos insinuados. También recuerda a ciertos portales de la arquitectura religiosa oriental.

Radiación áurica divina

Sin pretender adelantarnos a los acontecimientos, anticipando una cuestión que abordamos en otra parte del libro, en el capítulo «El cuerpo de luz: aspectos áuricos espirituales» (véase pág. 117), sí queremos apuntar un aspecto espiritual del aura causal. De hecho, procediendo de dentro afuera —como hemos hecho en todo momento—, podemos encontrar tras el aura causal otro tipo de aura, por otro lado bastante excepcional, que es característica de personas espiritualmente más evolucionadas. Se trata del aura espiritual o divina, también llamada *aura de vitalidad divina*. En realidad, hay dos auras: una formada por materia divina sutil y la otra, por espíritu puro. Aun así, dado que se funden en una única manifestación energética, es como si fueran una sola.

La energía que constituye el aura divina es sumamente pura e incontaminada, muy rica en amor universal, desapegado y desinteresado. Las personas dotadas de esta aura han podido realizar en sí mismas el proyecto extremo de la evolución humana. La luz de esta aura es álgida, como de cristal, blanca y luminosa, impregnada y envuelta por un haz de rayos dorados.

RECAPITULACIÓN

Vamos a tratar ahora de resumir los términos de la cuestión: las diversas capas áuricas que acabamos de describir no son, en modo alguno, los elementos constitutivos del alma, y aún menos del cuerpo.

El conjunto de las auras representa únicamente las manifestaciones más o menos tangibles de los diversos cuerpos sutiles de los que son emanación. Esto quiere decir que el aura no es otra cosa que el soplo de color que emite el cuerpo (físico) al que pertenece. Como es obvio, no debe confundirse la irradiación con los cuerpos sutiles propiamente dichos. Se trata del principio de las muñecas rusas: cada aura contiene otra aura, que por su parte contiene a la inferior, mientras que los cuerpos sutiles encierran todas las irradiaciones áuricas. No es fácil explicar este concepto, sino que más bien debemos echar mano de metáforas o ejemplos que den una idea precisa de una realidad tan impalpable. En cualquier caso, toda la estructura áurica, aunque esté dividida, constituye un organismo energético único y sutil, que late al unísono con el universo.

Cada una de las capas del aura es el espejo de un aspecto del ego, encierra una partícula de nuestro ser, por lo que está dotada de una forma propia de consciencia. Dado que la evolución personal de todas y cada una de las personas posee una mayor o menor calidad de consciencia, proyectará un reflejo preciso en las envolturas áuricas. Por lo tanto, el aura en su totalidad es el testimonio imparcial de la profundidad de la consciencia del hombre, en todos los campos.

La vida de la mayoría de los seres humanos, dominada por las pasiones y el instinto, se refleja principalmente en el aura astral. Cuando esto se produce, lo cual por desgracia es muy frecuente, el campo vital presenta dificultades de estructuración y se desarrolla en formas casi embrionales. En estas personas, asimismo, la relación con las energías de la naturaleza está muy desequilibrada. La humanidad en general vive encerrada en su propio ego, de forma que el aura vital se ve constreñida en espacios angostos y no logra expandirse como debiera.

El resultado es una relación demasiado estrecha con las cosas materiales y una atención exagerada por las sensaciones físicas. Estos son aspectos importantes, sin duda, pero no los únicos de la existencia.

Así pues, debemos tratar de abrirnos y cultivar tanto las sensaciones materiales como las espirituales. No hay que privilegiar una sobre la otra. Viviremos entonces de un modo equilibrado, sin caer en un misticismo exagerado ni en un materialismo desenfrenado. El secreto de una vida feliz consiste en el justo equilibrio. Al comienzo de esta obra hablamos del oráculo délfico: «Conócete a ti mismo». Ha llegado el momento de decir que en el frontón opuesto del templo de Delfos aparecía la siguiente inscripción: «Nada en exceso». O sea, debemos conducir nuestra vida con templanza. Concedamos espacio al aura vital. Dejemos que evolucione y se expanda correctamente. Querámonos a nosotros mismos, y queramos a nuestra emanación sutil. Todos somos hijos del universo: fundámonos con sus generosas vibraciones.

El huevo áurico

El barro es una sustancia sólida, bastante compacta pero cuya materia se divide en tres «fases» distintas; de hecho, en su composición se incluye la arena (fase sólida), el agua (fase líquida) y el aire (encerrado en los intersticios del barro, o disuelto en el agua, fase gaseosa). Así pues, en un puñado de barro hallamos los tres estados de la materia. Nada nos impide pensar que existen formas de la materia más sutiles y tenues que la gaseosa, que de tan tenue ni siquiera podemos verla.

Si creemos que ello es posible, entonces seremos capaces de captar la naturaleza del aura vital; la unidad áurica está constituida por materia energética sumamente sutil que forma una especie de nube, una masa globulosa ovalada conocida con el nombre de *huevo áurico*, que penetra y circunda el cuerpo físico. Esta nube ovalada es fruto de la presión energética que se genera en los distintos planos sutiles, desde el positivo o espiritual hasta el negativo o material. Al igual que el huevo de una gallina encierra la yema, alrededor de la cual se encuentra la clara, el huevo áurico encierra al hombre, que corresponde a la yema, y al cuerpo etérico y el aura, que corresponden a la clara. En la superficie externa del aura ovalada se proyectan tanto los pensamientos de nuestro estado consciente como las imágenes oníricas que concebimos en el sueño. La *piel ovalada* es, en consecuencia, una especie de pantalla donde abundan imágenes diversas en continuo movimiento.

El huevo áurico nos acompaña por doquier, nos sustenta y nos protege; en esencia, se trata del halo luminoso que llamamos *aura vital*. Posee un polo norte, que coincide aproximadamente con la sumidad del cráneo, el *centro coronal* o *vórtice* del huevo áurico, que representa una vía de acceso esencial para la entrada de la energía vital. El polo sur se encuentra a la altura del hueso sacro, en la base de la espina dorsal o se extiende hacia abajo, hasta la planta de los pies. Se trata del punto de expulsión de los residuos áuricos, también llamado *sumidero*.

En el hombre mezquino y poco evolucionado, el huevo áurico está más desarrollado en la parte inferior o hemisferio bajo; en el individuo espiritualmente evolucionado, el huevo áurico está más desarrollado en la parte superior o hemisferio alto. El huevo late continuamente, con un ritmo dependiente del de la respiración, lo cual le permite —como vimos al principio del libro— absorber la energía del *prana* a través del aire que respiramos.

La energía no sólo puede penetrar por el vórtice coronal, sino también por otros puntos periféricos, como por el cuello, justo debajo de los lóbulos de las orejas, en la zona del bazo y en las palmas de las manos. Sin embargo, el intercambio energético más importante se produce a través de la respiración. No hay que olvidar que la absorción energética puede mejorar practicando una respiración cuyo

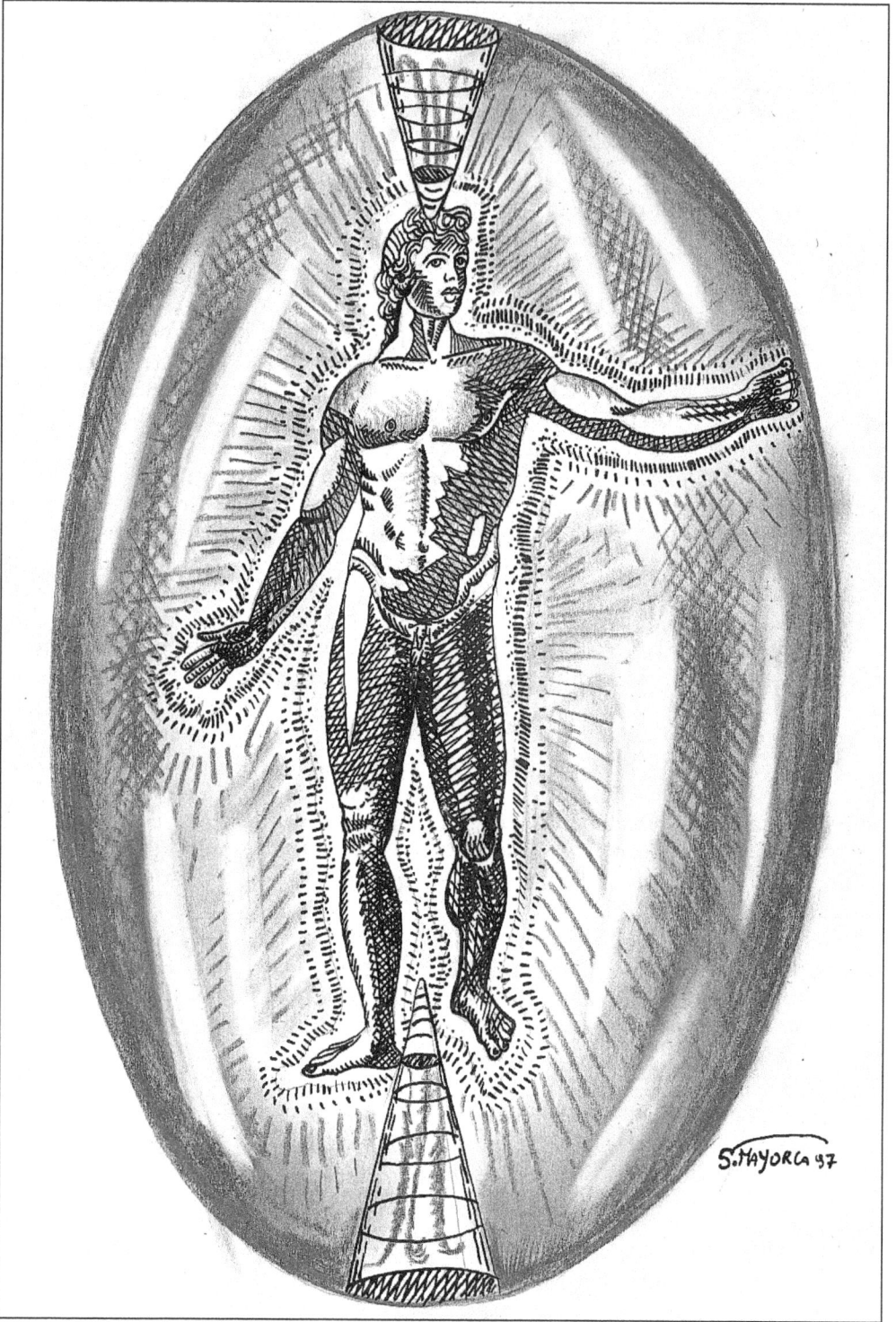

El huevo áurico: nótense, arriba, el vórtice coronal, y abajo, el sumidero

ritmo coincida con el palpitar natural del aura (sobre la respiración áurica, véase el capítulo «El aura: energía vital interior», en la página 21). Como regla general, al espirar, el aura se expande y, cuando se inspira, se contrae.

La parte inferior del huevo áurico penetra en el suelo, bajo el cuerpo físico, de manera que se mantiene la relación existente entre el organismo humano y la energía telúrica o terrígena (energía magnética terrestre), esencial tanto para el equilibrio psicofísico como para el áurico-etérico.

El huevo áurico se asemeja, en cierto sentido, a una fina película que recubre el cuerpo etérico y el aura, la cual no debe ser imaginada únicamente como un conjunto de capas de luz, sino más bien como una vaina ovalada en cuyo interior (y, en ocasiones, también en el exterior) se producen numerosas mutaciones. Nunca es idéntica a sí misma, dado que el espesor y la luminosidad de sus capas cambian de continuo, a causa entre otras cosas del intercambio energético entre las propias capas.

La forma del huevo siempre ha poseído un intenso significado simbólico; es sinónimo de fertilidad, de abundancia y de nuevas oportunidades en la vida del hombre y, en especial, símbolo del concepto de creación. El casquete superior del huevo se relaciona con lo divino y el cosmos; la energía creadora, el germen de la vida, está en el centro; el casquete inferior alude a las fuerzas de la Tierra, fundamentales para llevar a buen puerto el proyecto vital. En el huevo, el espíritu informador se funde con la materia que dará a luz al hombre universal: el huevo se abrirá liberando la criatura de luz, compuesta de energía sutil, que es la réplica etérica del cuerpo físico.

Las fuerzas de la Tierra son importantes para el desarrollo físico y energético del hombre: una relación equilibrada con las fuerzas telúricas resulta esencial para el bienestar de la estructura áurica y física. Dado que las energías de las que está compuesto nuestro organismo son equivalentes a las del planeta, no es difícil deducir que entre el hombre y su entorno se puede producir un intercambio energético. Actualmente conocemos parcialmente el aura terrestre gracias a los estudios de Van Allen sobre los haces que rodean la Tierra y liberan una energía que penetra en todos los seres vivos, como hemos señalado en varias ocasiones. Así pues, nuestro cuerpo forma parte de la Tierra, mientras que el espíritu se halla conectado con el infinito.

La doctrina *Tao-yoga* afirma que las emociones negativas, las toxinas y el estrés se depositan en los órganos de nuestro cuerpo si no son convenientemente eliminadas y, por así decir, *descargadas*. Las consecuencias somáticas serán una sensación de rigidez, tensión y malestar por todo el cuerpo. Negatividad y toxi-nas también se pueden acumular en el aparato ovalado: el punto de expulsión de los residuos —tanto los corporales como los auráticos— está constituido por el sumidero, en la parte inferior del huevo, lo cual permite que las corrientes se descarguen y se dispersen en tierra.

La radicación

La doctrina del *Tao-yoga* contempla que para facilitar el intercambio energético con las fuerzas terrígenas, se utilice el método de la *radicación*, que se articula en varias técnicas específicas. En efecto, gran parte del desarrollo áurico depende de una sintonización correcta con las fuerzas de la Tierra.

De hecho, la Tierra posee unas potentes energías terapéuticas capaces de reequilibrar todo el aparato ovalado sutil, de tal modo que nos sentiremos mucho menos dispersos, más atentos a las cuestiones concretas, sin por ello descuidar nuestra vertiente espiritual.

El sumidero situado en la parte inferior del huevo áurico se utiliza no sólo —como ya hemos visto— para descargar residuos, sino también para absorber la energía terrígena que se incorpora al circuito ovalado, áurico y etérico. Para comprender mejor cómo se produce tal fenómeno, imaginaremos que bajo las plantas de los pies tenemos unas largas raíces, similares a las de un árbol, que se hunden hasta el centro de la Tierra. Las raíces captarían esta energía de la Tierra (o corrientes telúricas) y las transmitirían a la estructura de los huesos. Del mismo modo se produce el intercambio energético inverso. Ambos procesos de intercambio se acompasan al ritmo de la respiración.

Hemos mencionado esto no para que el lector lo ponga en práctica, sino para enfatizar la importancia de la Tierra en relación con el huevo áurico.

La zona coronal áurica

El equilibrio energético del huevo áurico requiere la aportación no sólo de las fuerzas telúricas, sino también de las cósmicas. El canal destinado a la absorción de estas energías es el *vórtice coronal*, o *vórtice ovalado*, que se halla en la sumidad del cráneo.

La forma del aparato coronal, o vórtice de las energías superiores, es similar a un embudo.

El vórtice también puede visualizarse como un cono invertido, con la base arriba. La parte superior se apoya en la sumidad del cráneo, mientras que la más estrecha (la punta) penetra en la frente, desde donde se inicia su prolongación hasta el plexo solar.

Téngase en cuenta que estas determinaciones espaciales son sólo aproximativas.

Energía circular: las concentraciones áuricas

La energía cósmica y la pránica no pasan a través del embudo áurico, cuya función es concentrar estas formas de energía en su embocadura. Podría decirse que la energía se cuela por el embudo coronal, como el surtidor de una fuente, en forma de chispas diminutas de una energía luminosa que vivifican todas las zonas del aura vital. Así pues, el embudo coronal no hace acopio directamente de la energía cósmica, sino que capta las formas de energía más densa, animadas por un movimiento rotatorio en sentido horario. Lentamente, la energía circular va penetrando en profundidad y se propaga hacia las zonas en las que convenga. Vemos este vórtice en las pinturas sagradas, representado como una aureola que circunda la cabeza de los santos y de Jesucristo. Miguel Ángel, en su Moisés —la célebre estatua de mármol, conservada en la iglesia de San Pietro in Vincoli, de Roma— esculpió sobre la sumidad de su cráneo dos prolongaciones que los profanos creen cuernos. En realidad se trata de rayos luminosos de energía divina o, mejor dicho, de cierta manera de representar el vórtice coronal.

La energía espiritual coronal

Hay una sustancia superior que, en casos excepcionales, impregna al ser humano. Esta sustancia es, en realidad, la energía pura e incontaminada, el oro filosófico del que hablan los alquimistas: se trata de la energía divina. En la religión católica, se representa en forma de paloma blanca rodeada de luz. La referencia al embudo coronal es evidente. En la simbología cristiana, la paloma representa la Gracia (energía divina) que desciende sobre el hombre elegido.

Mantegna: Cristo con la *animula* de la Virgen *(nótese el huevo áurico)*

En el huevo áurico, el conocimiento o energía superior se asimila por medio del vórtice coronal, que la inyecta luego en el circuito áurico. Son pocos los que pueden recibir esta corriente vibratoria divina. Se trata de los auténticos maestros, de los santos y los iniciados. Cuando esta energía fluye por la retícula áurica, produce una luz cegadora, muy similar a la del sol. Es la célebre luminosidad crística, a la que hemos aludido en el capítulo sobre los cromatismos áuricos. En tal caso, el aura vital se proyecta en el infinito y la irradiación etérica se expande sin límites. Así, puede restablecerse la conexión con los orígenes cósmico-divinos universales. Todas las imperfecciones desaparecen, las sustancias energéticas estancadas se disuelven, los canales etéricos se abren y la luz del universo se vierte sobre el ser humano, otorgándole una fuerza interior sin igual.

Interacción entre los dos canales áuricos

El aparato áurico-etérico, al igual que el cuerpo material, presenta una conformación rica en armonía y equilibrio, una auténtica obra maestra de la naturaleza. El papel de los dos canales del huevo áurico es fundamental para el buen funcionamiento de la estructura sutil, puesto que hacen posible el recambio energético del campo vital y la purificación de los nados y de la envoltura ovalada. Entonces, el prana circulará sin obstáculos, aportando al aura vital el alimento idóneo.

El vórtice coronal está conectado con la retícula de propagación de la energía pránica, constituida por el trazado de los nados que distribuyen el prana por todo el campo vital (véase el capítulo «Ejercicios para la lectura del aura», en la página 51). Como vimos, el sumidero, o conducto de descarga de la energía áu-

rica se encuentra en la zona inferior del huevo, y tiene una forma parecida a la del conducto superior. Aun así, en este caso el embudo está invertido, es decir, la parte más ancha está colocada debajo, junto a los pies, y la más estrecha arriba, extendiéndose hasta la zona genital. El embudo inferior es más ancho que el superior y su restreñimiento, menos pronunciado. Los dos canales áuricos se encuentran a la altura del plexo solar. Tras la expulsión de los residuos, el sumidero vuelve a absorber energías terrígenas que, habiendo alcanzado el punto de encuentro de los dos canales áuricos, se mezclan con las energías superiores. El trasiego de energía es continuo, de modo que la fusión de las corrientes energéticas aísla los residuos que serán expulsados y descargados.

Si la zona coronal superior o vórtice del huevo está obstruida, se produce una acumulación de energía en la embocadura del embudo, que pronto se transforma en una densa masa energética. Se manifiestan entonces perturbaciones del sistema nervioso, falta de concentración y problemas de memoria. La sustancia energética que ha logrado penetrar en el huevo empieza a descomponerse, los residuos fluyen hacia la embocadura superior del sumidero, en el plexo solar, donde se mezclan con las fuerzas telúricas que confluyen en tal punto. El encuentro de ambas energías origina una sustancia tóxica que podríamos definir como materia áurica muerta, que se propaga por el campo vital, obturando los canales de evacuación de los desechos psíquico-orgánicos y de inyección del prana. Lentamente, el aura se vuelve opaca y pierde toda su luminosidad, los colores palidecen y la envoltura ovalada se debilita. Las consecuencias para el organismo son desastrosas ya que el cuerpo físico cae enfermo y, gradualmente, la mente pierde su lucidez y se precipita en un estado de angustia. Por suerte, no es una situación frecuente, aunque sí perfectamente posible. Por ejemplo, quien consume drogas duras se ve expuesto a riesgos también desde el punto de vista de su integridad áurica. Por lo demás, todo aquello que perjudica el organismo material del hombre compromete inevitablemente el aura vital y los cuerpos sutiles que la componen.

Las líneas radiantes

En un análisis más detallado —nada fácil de realizar con los medios habituales de lectura áurica—, podríamos ver que el huevo áurico está atravesado por diversas líneas radiantes o hilillos luminosos muy finos. Cuando el cuerpo goza de buena salud, las líneas radiantes están separadas, paralelas, alineadas de una manera no casual, de acuerdo con el módulo de irradiación áurica óptima. Y al revés: las líneas radiantes protegen el cuerpo del ataque de los gérmenes y de otros agentes patógenos.

La presencia de una enfermedad produce un cambio inmediato: las líneas adyacentes a la parte afectada se disponen irregularmente, como los estambres de una flor marchita. Dicha enfermedad puede ser somática en sentido literal (como por ejemplo, una herida de cierta consideración) o bien deberse a un estado de debilidad o de agotamiento nervioso. En tal caso, la enfermedad se apropia de una dosis de energía que sustrae del total que es necesario para garantizar la integridad áurica. Cuando la persona se cura, la disposición de las líneas radiantes vuelve a mostrarse en orden.

Las interacciones del aura: expansión y nutrición

El aura vital del hombre vibra y se expande en función del lugar en que se encuentra, debido a que el perfil energético local (es decir, el sistema de irradiación) es distinto en cada espacio; recordemos que los objetos pueden interferir en el aura personal de los hombres, tanto de forma activa como pasiva (como las rocas ferrosas que interfieren en el campo magnético terrestre, enloqueciendo la brújula del viajero), pues todos los objetos poseen un campo etérico asociado. Por otro lado, el cuerpo etérico humano necesita alimentarse, al igual que el cuerpo físico precisa comida para su sustento, lo que explicaría su interacción con el cuerpo etérico de los objetos. El alimento áurico, a diferencia del material, está compuesto por energía que pasa a circular por la retícula de los nados.

Todos los ambientes están dotados de una energía propia, en función de la forma, los colores y los materiales de los objetos que los componen. Si no se trata de un espacio natural, sino construido por el hombre —normalmente, una casa privada, una oficina, etc.—, se resiente incluso de la energía de quienes la han construido y habitado; en ese espacio, por lo tanto, pueden haberse acumulado a lo largo de los años energías, tanto positivas como negativas.

Sin duda, en ocasiones habremos podido percibir la diferencia energética que se da entre un espacio y otro. Por ejemplo, si esperamos en una estación de tren, notamos una sensación de malestar y angustia, especialmente si el día está nublado. En tal lugar, se funden numerosas energías —muchas de ellas, negativas— que provocan en nosotros un estado de ánimo melancólico. Y al revés, en un recinto sagrado se puede percibir una energía limpia que confiere serenidad y quietud. Aun así, en ocasiones, en las grandes catedrales esta impresión muta, puesto que a la energía sagrada y rica en espiritualidad se imponen la sensación de poder, la opulencia y la ostentación de una riqueza excesiva. Por contra, en las antiguas abadías de formas austeras y mobiliario monacal, se advierte una onda energizante que alimenta el campo vital de una manera beneficiosa.

Los objetos antiguos conservan la energía de todos los lugares en los que han sido guardados, así como de la utilización que se ha hecho de ellos a lo largo del tiempo. Cuando colocamos uno de estos objetos en nuestra vivienda, es probable que percibamos esa energía acumulada durante años, y que tanto puede ser benéfica como nociva. Por ejemplo, una persona advertía en su despacho una vibración peculiar que le daba dolor de cabeza y agotamiento físico. Al final resultó que tenía sobre el escritorio un brazalete de bronce que le había regalado un amigo suyo, tras robarlo de una tumba etrusca. Si se tomaba entre las manos aquel objeto, se percibía una energía desagradable. Lo mejor que pudo hacer aquella persona fue desprenderse de aquel brazalete, tras lo cual desaparecieron los síntomas descritos.

No debemos menospreciar el poder de los objetos y su influencia sobre el campo áurico. Sin caer en un ocultismo de baja estofa, hay que señalar que incluso puede ocurrir —aunque sólo raramente— que alguien impregne un objeto con energía negativa. Está demostrado que la energía psíquica puede proyectarse sobre las cosas, aun de modo premeditado. Recordemos que la materia psíquica y su energía pueden durar décadas, e incluso siglos, sin dejar de interactuar con los seres humanos y su aura vital. Son célebres los casos de suicidios en cadena ocurridos en las llamadas *casas encantadas*. Tales mansiones tenían la particularidad de haber sido el escenario de una serie de incidentes de apariencia inexplicable: por ejemplo, una persona se quita la vida al saltar desde un balcón y el nuevo inquilino, víctima de un especie de proceso de indentificación, se siente impelido a repetir el mismo gesto. Tras él, en la misma casa, otras personas corren la misma suerte. El director polaco Román Polanski filmó una película sobre un episodio real de esta clase, titulada *El inquilino del tercer piso*; en ella el argumento pone de relieve, si bien de una forma velada, el hecho de que la irradiación áurica, combinada con la energía de un lugar concreto, puede interactuar con la psique de las personas. Esta influencia es tan intensa que puede llegar a empujar al individuo a comportarse de forma anormal, como si interpretara el papel de otra persona ya fallecida, hasta sus últimas consecuencias. Por fortuna, sucesos de esta especie sólo se dan en raras ocasiones; sin embargo, en este tema siempre es aconsejable proceder con cautela, pues la energía contiene en su interior un *quid* inteligente, capaz de penetrar en nosotros.

El aura de las casas

Hablar de un aura asociada al lugar en que se vive puede provocarnos una sonrisa; aun así, no debemos menospreciar esta cuestión. Cuando una casa es muy antigua, la influencia que ejerce sobre sus inquilinos, a través de su aura, puede resultar muy intensa.

Las casas absorben algo del aura de las personas que la han habitado: los vínculos de consanguinidad, las tradiciones y la cultura hacen el resto, o sea, aumentan la potencia del aura. Con el paso de los años, la matriz áurica de la casa adopta una forma definida, hasta el punto de impregnar este lugar y dejar un rastro incluso cuando ha sido demolida. La tradición popular las llama *casas fantasmas*. Efectivamente, en ciertos enclaves, rodeados por una atmósfera extraña, se puede percibir la presencia de una forma fluorescente: se trata de una casa que aparece en su integridad. Aunque un poco nebulosa, la imagen muestra todos los detalles de la construcción en tres dimensiones.

Los sensitivos son capaces de interpretar el aura de una casa, intuyen sus orígenes, ven con el ojo de la mente cuál es su historia y, sobre todo, advierten la influencia de quienes la habitaron. Sin embargo, el aura de las viviendas también puede detectarse con los sentidos, aunque no siempre seamos conscientes de ello. En ocasiones, al entrar en una casa, percibimos inmediatamente una atmósfera agradable y serena, llena de amor; esto se debe al aura de los inquilinos, o de la propia casa, que ha entrado en contacto con nuestro propio ser y nos transmite su energía en forma de sensaciones positivas. En las casas, se manifiestan a veces energías áuricas cíclicas que, en ciertos periodos del año, nos infunden euforia o melancolía, alegría o pesar, según el acontecimiento —triste o alegre— que, en el pasado, ocurrió entre sus paredes.

Por otro lado, en las viviendas se registran otros influjos naturales sobre el aura. Es el caso de los individuos que se despiertan regularmente agotados, sin razón aparente; con frecuencia, al menos en parte, esto se debe al hecho de que los cimientos de su casa descansan sobre capas de terreno atravesadas por corrientes de aguas subterráneas que roban energía a su aura. En otros casos, más raros, las corrientes subterráneas pueden fortalecer el aura.

Otras personas, sensibles a los cambios atmosféricos, experimentan una gran tensión antes de una tormenta.

El sonido y lo etérico

Los sonidos inciden directamente sobre el campo vital, de un modo potente y energizante. Los sonidos pueden influir sobre la materia, en especial sobre las formas, como demuestran los experimentos del desaparecido doctor Hans Jening, de Basilea.

Este científico suizo colocó sobre una lámina metálica un puñado de arena muy fina (cuando, más tarde, repitió este experimento con polvo de licopodio, compuesto por esporas vegetales muy ligeras, su éxito fue aún mayor) y luego lo extendió hasta formar una capa uniforme. Proyectó sobre la placa un sonido de tonalidad constante, y observó que los granos de arena se desplazaban, describiendo unas formas geométricas complejas con una precisión creciente. Tras completar el trazado de estas formas, los granos se detenían aunque la emisión sonora continuase. El doctor cambió entonces de tonalidad, y comprobó que se formaban formas geométricas distintas aunque, si volvía al primer tono, volvían a reproducir el dibujo original. Prosiguió estos experimentos con la ayuda de un colaborador, Guy Manners, con la intención de comprobar la relación que existe entre sonidos y formas, no bidimensionales, sino tridimensionales. Al principio, utilizaron dos o tres frecuencias musicales al mismo tiempo, sin obtener unos resultados apreciables. Luego, al utilizar cinco frecuencias simultáneas, las partículas de arena colocadas sobre la lámina metálica empezaron a adoptar una configuración tridimensional. Llegados a este punto, no debería sorprendernos descubrir que los sonidos pueden influir sobre nuestro cuerpo y —con mayor motivo, pues es más ligero— también sobre nuestro campo áutrico.

Debemos, pues, concluir que es probable que exista una relación entre las siete notas necesarias para componer una melodía cualquiera en Occidente (en China, por ejemplo, son cinco) con los siete niveles energéticos del cuerpo humano. De hecho, escuchar buena música ayuda a revigorizar la emisión de nuestra aura y a reestructurar todo el aparato áurico-etérico, siempre que los sonidos sean melodiosos.

Ello nos permite deducir el poder de los *mantras*, sílabas sagradas que los monjes tibetanos salmodian sin cesar, pues se caracterizan por una sonoridad intensa que favorece la reintegración y la expansión psíquico-energética del aura.

Asimismo, los sonidos naturales —como el silbido del viento, los murmullos de una fuente o el canto de los pájaros— son capaces de alimentar el campo vital; la naturaleza, una vez más, se revela como la mejor fuente de reintegración áurica.

> Es aconsejable recargarse al menos una vez al día oyendo fragmentos de música clásica o cantos gregorianos, cuya solemnidad produce efectos prodigiosos sobre el aura vital.

La influencia del arte sobre el aura vital

Observar un cuadro no sólo constituye un placer para la vista, sino que se trata también de una práctica de regeneración de la estructura áurica.

La percepción cromática del cuadro influye positivamente sobre el campo vital, mientras que la parte simbólica que plasman las figuras y los paisajes incide sobre las zonas etéricas inconscientes. Como el sonido, el arte auténtico fortalece el aura, reconstituyendo su estructura sutil.

Los grandes retablos de las iglesias ejercen una influencia muy eficaz sobre nuestro circuito áurico, gracias a su carácter sagrado y a la energía espiritual que los rodea. Además, con el paso de los años, las propias obras se han ido cargando de vibraciones especiales que interactúan positivamente con la psique del espectador.

La atmósfera silenciosa que reina en tales lugares contribuye a ponernos en

Caravaggio: La vocación de san Mateo

disposición de extraer la máxima ventaja de la energía que poseen las figuras sagradas.

Las obras de Michelangelo Merisi, conocido con el nombre de *Caravaggio*, están especialmente indicadas para potenciar el aura. Los contrastes de sombras y luces confieren a sus telas una vida interior y una carga expresiva incomparables. Una energía misteriosa emana de la obra maestra de este pintor, *La vocación de san Mateo*. El óleo en cuestión está sumido en una atmósfera tenue, rasgada por un punto de fuga luminoso. Las sombras, leves, se alargan y amortiguan los detalles, mientras que el haz de luz purísima que atraviesa el cuadro del centro confiere sacralidad, solemnidad y majestuosidad a esta obra genial. Unas vibraciones ignotas fluyen de este óleo hacia el aura vital, inundándola de energía luminosa. Recomendamos contemplar el original, en la iglesia de San Luis de Roma, o bien recurrir a una reproducción que enmarcaremos y colgaremos en nuestro laboratorio. Debe contemplarse la imagen cinco minutos al día, a ser posible por la tarde, y con las mejores condiciones de luz (regulando en su caso la intensidad de nuestra lámpara halógena).

Relajándonos y vaciando la mente de cualquier pensamiento que puede distraernos, dejaremos que la corriente vibratoria de esta imagen penetre en nuestro interior. Notaremos que remiten nuestras tensiones, mientras nuestro espíritu se inunda de una agradable quietud. Durante el tiempo de contemplación, también podemos escuchar buena música.

Asimismo, el cuadro de Rembrandt, *La ronda nocturna,* oculta misteriosas energías que pueden suscitar en el espectador una plétora de sentimientos y un enajenamiento seguido del colapso de los sentidos, similar al que experimentó Stendhal con el conocido *síndrome de Florencia*, consistente en una sobrecarga emocional ante el exceso de estímulos sensoriales. Podemos procurarnos una reproducción de este cuadro y proceder luego como en el caso de la obra de Caravaggio.

La audición de música combinada con la contemplación de un cuadro favorece la elevación espiritual e intensifica la atmósfera de trémula espera que precede a la expansión del campo vital. Elegiremos un fragmento de música clásica que armonice con nuestra naturaleza íntima y regularemos el volumen para que el sonido llegue hasta nuestros oídos de manera suave durante toda la operación regeneradora.

El aura, el color, las notas

Cada nota musical corresponde a unas frecuencias de vibración sonora muy precisas; lo mismo ocurre, como hemos visto, con los colores, que se caracterizan por una frecuencia vibratoria. La diferencia entre sonidos y colores es, en apariencia, energética, puesto que los sonidos no son sino vibraciones de las moléculas del aire, mientras que los colores son vibraciones del campo electromagnético.

Sin embargo, ya vimos que materia y energía confluyen, de forma que una puede transformarse en la otra. En cualquier caso, no es difícil intuir que los sonidos pueden relacionarse con los colores y que no sólo la música, sino todas y cada una de las notas y —sobre todo— de los acordes, pueden estimular el aparato áurico. Recordemos que un acorde no es sino la combinación armónica de varios sonidos que se emiten de manera simultánea.

A continuación se facilita la relación completa de las tonalidades cromáticas:

sol mayor	rojo, verde
sol menor	blanco
re mayor	violeta púrpura, naranja
re menor	añil
la mayor	azul
fa mayor	amarillo

Si poseemos un teclado electrónico y tenemos alguna noción de armonía musical, registraremos los acordes indicados en una grabadora; de no ser así, conviene pedir ayuda a un amigo. Para disponer de todos los acordes en una cinta de 60 minutos sin tener que darle la vuelta, la duración de cada acorde debe ser de cinco minutos, o menos. Llegados a este punto, podemos practicar la audición combinada con la visualización de los colores en la sala habitual de trabajo, regulando la intensidad de la luz en función de las necesidades del momento; para ello encendemos el aparato de música, cerramos los ojos y concentramos la atención en la sonoridad que escuchamos, tratando de fundirnos con ella, visualizando el color asociado con la tonalidad que estamos oyendo, y que ahora nace en nuestro interior. Poco a poco, sentiremos un bienestar profundo que delata que el aura ha captado las vibraciones cromosonoras.

La tonalidad de la nota *la* mayor —que se asocia con el azul, color que confiere serenidad y favorece los estados de concentración profunda— es la más adecuada para la regeneración del aura en sentido estricto; por ello, grabaremos en la segunda cara de la cinta un acorde constante en *la* mayor que dure 30 minutos.

Las tonalidades cromáticas ejercen un efecto positivo también sobre los siete niveles energéticos del campo magnético del hombre.

Luces, color y sonido

La luz tiene propiedades beneficiosas sobre el organismo y la psique. Por esta razón, para reequilibrar el sistema nervioso e intensificar la fuerza psico-física, en el siglo XIX aún se empleaban farolillos con cristales de colores, normalmente de color rojo. En caso de personas fácilmente excitables, por el contrario, se echaba mano del naranja el cual, aun confiriendo fuerza y energía, es menos violento.

En la actualidad, en lugar de farolillos, disponemos de sistemas de iluminación artificial que satisfacen con creces esta necesidad; aun así, todavía hay personas, como quien esto escribe, que continúan utilizando farolillos con cristales de colores.

Enroscamos una bombilla de color azul en un portalámparas que habremos colgado previamente del techo (en este caso, debemos apagar la lámpara halógena empleada en los otros experimentos, ya que la única fuente luminosa ha de estar formada por la luz azul, que desciende desde lo alto creando una atmósfera propicia). Colocamos la cinta con las tonalidades cromáticas en la cara que contiene el acorde de *la* continuo, y encendemos el aparato; así, mientras con los ojos percibimos el color azul, con los oídos escuchamos la tonalidad correspondiente. La expansión del aura alcanzará niveles insospechados, favoreciendo una aportación psíquico-vibratoria muy beneficiosa para nuestro campo vital.

Sin duda, este experimento contribuye a nuestro bienestar y, además, sirve para reforzar la convicción de que existe una estrecha relación entre sonido y forma, luz, color, materia y energía. De este modo, el aura vital está formada por una *materia* sutil y posee una *forma*, en oca-siones cambiante; su estructura es *luminosa* y *cromática*; por último, en ella se producen fenómenos *magnéticos* vibra-torios.

TODO EL UNIVERSO ES ENERGÍA

Los ambientes y los objetos pueden interactuar con la estructura áurica, tanto po-sitiva como negativamente, por el hecho de que materias, formas, sonidos, luces, colores y campos de fuerza no son sino manifestaciones de energía.

Todo se funde con todo, cualquier criatura está en contacto con las demás for-mas, tanto materiales como energéticas. De hecho, el universo está compuesto de materia, forma, sonido, luz, color y energía, aunque, en última instancia, el uni-verso no es sino energía. Nada escapa a esta ley, dado que la vida, en todas sus ma-nifestaciones, vibra al unísono.

Alteraciones negativas del aura

El aura vital de una persona nunca es igual a la de otra. Esto explicaría por qué ciertos individuos poseen un campo áurico dominante, capaz de alterar el ritmo de palpitación del campo áurico de otros más débiles.

En ocasiones, el sujeto dominante condiciona enormemente la personalidad y el desarrollo del aura del sujeto gregario, hasta el punto de absorber sus energías, ya que la debilidad caracteriológica de este suele redundar en un carácter pacífico y bonachón. El dominante necesita recargarse con la energía limpia del gregario, pues es consciente del hecho de que la suya está infectada. Por otro lado, se complace en martirizar al gregario, induciéndole a seguir sus pautas; si es un consumidor habitual de drogas o de alcohol, se esforzará en arrastrar al otro en el vicio. Sea como fuere, a largo plazo se instaura en el gregario un proceso degenerativo que altera negativamente su aura. En ese sentido, se habla de *interacciones áuricas negativas*.

Por suerte, también existe el tipo dominante con cualidades morales intachables cuya influencia le permite transmitir a sus amigos o discípulos valores espirituales elevados, guiándolos por la senda luminosa del conocimiento. Los individuos que pertenecen a este tipo pueden considerarse como unos auténticos maestros.

También pueden manifestarse interacciones áuricas negativas en las relaciones de pareja, cuando uno de los dos cónyuges se quiere imponer al otro, en ocasiones de buena fe. Las formas de posesión enfermiza comportan un daño para el aura vital de ambos; en una relación armoniosa, por contra, los intercambios áuricos se equilibran para beneficio mutuo.

Las interacciones áuricas negativas no se originan única y exclusivamente en la relación con los demás; por ello, si vivimos en una gran ciudad es probable que estemos sometidos a los perjuicios de la contaminación acústica, de modo que, aunque no nos percatemos de ello, nuestro campo vital se ve atacado. Con mayor motivo nos agrederán los ruidos que nos despiertan súbitamente, como las alarmas de los coches que hieren nuestros oídos en plena noche.

Asimismo, la publicidad televisiva incide en el malestar del aura vital, sobre todo esos anuncios machacones que saturan nuestro campo vital de energía desequilibrada. También pasar horas delante del vídeo es perjudicial y provoca alienación y falta de armonía. Todo hay que hacerlo con ponderación. La televisión, si se ve con mesura, tampoco es tan dañina.

Otro lugar con interacciones áuricas negativas es la discoteca. La música a todo volumen produce una constricción y una desestabilización del campo vital y de todo el sistema nervioso, sin contar con los estragos en el aparato auditivo y en el sistema cardiovascular.

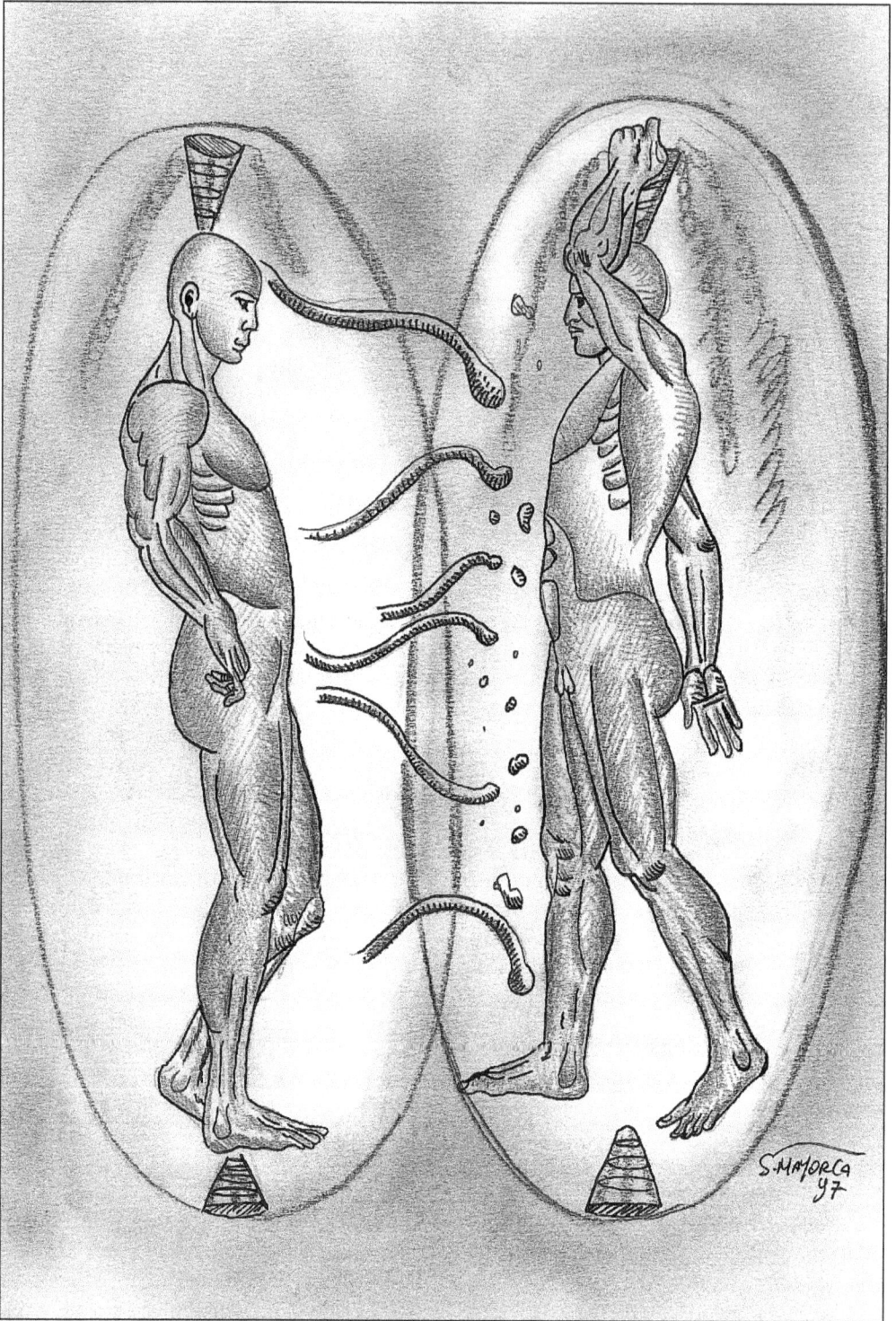

Intercambios áuricos negativos entre dos personas

Sonidos inarmónicos y campo áurico

Como hemos visto, los sonidos armoniosos alimentan el aura vital y favorecen su expansión. Sin embargo, hay sonoridades que influyen negativamente en lo etérico, por ejemplo, las que son agudas y violentas en exceso, caracterizadas por sus vibraciones dañinas (y es que el mal es parte integrante del mensaje que ciertos grupos musicales intentan transmitir al público). A estas sonoridades habría que añadir, en algunos pasajes musicales, la invitación a consumir estupefacientes y a subvertir el equilibrio natural. Esta invitación puede expresarse abiertamente o de forma subliminal, es decir, al otro lado del umbral de la consciencia (por ejemplo, manipulando informáticamente el mensaje y emitiendo los sonidos en una secuencia temporal invertida). Revestida por estas sonoridades negativas, el aura se fragmenta y muestra auténticas heridas. El escudo áurico pierde entonces eficacia de manera progresiva: al no poder filtrar la negatividad; la integridad del campo vital corre serio peligro.

La onda de las enfermedades y el aura

Algunas enfermedades pueden desprender una onda de radiaciones capaces de alterar el aura de las personas que caen en su radio de acción. Asistir a un amigo enfermo es un deber, pero compartir constantemente el estado enfermizo de otra persona es harina de otro costal, especialmente si la enfermedad ha atacado su psique, convirtiéndolo en un individuo ansioso y dispuesto a arrastrar a los demás hacia su mal. Permanecer junto a ciertas personas implica correr el riesgo de entablar un intercambio áurico poco positivo (para nosotros), ya que absorben las energías del campo vital con el consiguiente debilitamiento de nuestro organismo, acompañado de jaquecas frecuentes, inapetencia y vértigos. En pocas palabras, mientras una persona que goza de buena salud extrae su energía sobre todo de la naturaleza, el aura de una persona enferma (en especial, afectada por un cuadro psicótico) tiende a alimentarse de la energía de un aura sana.

Energías áuricas jóvenes y viejas

Antiguamente, se creía que los ancianos podían absorber las energías frescas de los niños y los adolescentes, por lo que había que evitar que durmieran en la misma cama. Esto parece apuntar la evidencia de que un organismo envejecido precisa recargar su campo áurico sustrayendo la energía que tiene un organismo joven.

Aún hoy, en las zonas en las que se sitúan las llamadas *bolsas de pobreza* (es decir, en las económicamente deprimidas), donde con frecuencia deben compartir una sola cama varias personas, se den casos de niños desmejorados, alicaídos, viejos prematuros incluso en sus gestos: es la consecuencia de una cohabitación llevada hasta el paroxismo.

Los niños y adolescentes deben disponer de su propio dormitorio, lo que favorecerá el desarrollo normal de su aura vital y el espesamiento de su escudo áurico, puesto que una posible lesión durante esta edad crítica del desarrollo podría llegar a ser irreversible. El aura de un joven envejecido precozmente por los motivos descritos presenta áreas oscuras y fugas de energía difusas. Bien es cierto que una persona dotada de una fuerza interior extraordinaria puede recomponer su campo vital, aunque lo mejor es no arriesgarse.

Alteraciones del aura a causa de campos electromagnéticos artificiales

Vivimos inmersos en un campo magnético complejo, constituido por radiaciones naturales y artificiales. Mientras que las primeras nutren nuestra aura y suelen ser positivas (excepto las procedentes de cursos de agua subterráneos y de fallas geológicas, como ya se dijo), de las segundas lo menos que podemos decir es que el hombre no fue creado para vivir bajo su bombardeo continuo. Las radiaciones electromagnéticas artificiales se deben a centrales e instalaciones eléctricas de todas clases, repetidores de radio, televisión y teléfono, antenas, radiotransmisores, hornos microondas, pantallas de televisión, videojuegos, fotocopiadoras, impresoras láser, etc.

Toda esta energía interactúa con nuestro campo vital y no es casualidad que los habitantes de ciertos barrios urbanos se vean sometidos a trastornos misteriosos, debidos a repetidores de radio por microondas. La radiación electromagnética es nociva tanto para el aura y el sistema nervioso como para las células de nuestros tejidos biológicos, que pueden desarrollar un tumor. En los países del Este de Europa, donde la preocupación por la calidad del medio ambiente deja aún más que desear que en la Unión Europea, hay quien puede oír la radio sin necesidad de receptor: basta con las corrientes eléctricas inducidas en el metal de las prótesis dentales. Estas corrientes llegan hasta el nervio acústico, que actúa como el *detector* de una radio de galena, y son codificadas como un mensaje sonoro percibido normalmente por los oídos. Los habitantes de un pueblo cerca de Roma pueden oír la radio sin usar receptor, ya que cuando abren el grifo este recoge las corrientes parasitarias inducidas por un potente repetidor enclavado en las proximidades.

Los campos electromagnéticos artificiales, si son demasiado intensos, provocan una constricción de los canales de circulación de la energía pránica, así como una ralentización de las palpitaciones del campo vital. Por otra parte, interfieren negativamente en el recambio energético, obstaculizando la absorción de los campos electromagnéticos naturales, de los cuales, como ya hemos visto, se alimenta el aura. Por último, influyen negativamente en la evacuación de los residuos energéticos tóxicos, que así se estancan en el cuerpo etérico en lugar de ser eliminados.

Energías áuricas:
el debilitamiento etérico

Si observamos el aura de una persona mientras estudia, escribe o crea, veremos dos corrientes: la corriente de prana o energía áurica que entra a través del vórtice superior, y la corriente que sale a través del conducto inferior o sumidero áurico. Transcurridas unas seis horas, la energía que entra tiende a disminuir, mientras que la que sale aumenta sensiblemente, y si no se interrumpiera el trabajo mental con una pausa, un refrigerio o una siesta breve y ligera, el sistema nervioso se agotaría progresivamente.

La duración de la concentración y la resistencia de una persona depende de su capacidad de absorción del prana. Aunque el consumo de energía durante el trabajo mental no puede cuantificarse, es evidente que deben ponerse unos límites al gasto de fluido áurico, so pena de llegar al agotamiento nervioso. Las personas más expuestas a este problema son, precisamente, las más dotadas intelectualmente. Por contra, un individuo con escasas capacidades intelectivas consume escasa energía; y al revés, otro con una inteligencia superior se ve inducido a pensar constantemente para saciar su sed de conocimiento, invirtiendo una enorme cantidad de energía. A causa de la dispersión energética, el grosor del aura se reduce, la materia sutil pierde su elasticidad y el ritmo de las pulsaciones se ralentiza. Por otro lado, los colores empiezan a palidecer.

Muchos actores han declarado que, cuando se ensimisman por completo en un personaje, la concentración es tal que, al finalizar la representación, se sienten vacíos, sin fuerzas. No es difícil imaginar que el motivo de este cansancio se debe al consumo de energía vital.

La antigua doctrina hermética tenía muy en cuenta las técnicas de acumulación de energía, por ello en algunos casos, los miembros de una fraternidad o grupo iniciático tenían prohibido hablar. Esta regla, en apariencia absurda, surgía de la convicción de que el crecimiento individual y la evolución espiritual se llevan a cabo en silencio. El propio hecho de hablar comporta un consumo de energía psíquico-áurica que puede debilitarnos. Por lo demás, es sabido que al finalizar una conferencia, el orador suele sentirse extenuado, a causa de la intensidad de la atención concentrada tanto sobre los temas expuestos como sobre el público implicado.

En la antigua China, la dispersión de la vitalidad se consideraba un sacrilegio y se realizaban prácticas orientadas a preservar la energía sexual y vital, con objeto de incrementar la potencia psicofísica. La fuerza vital, almacenada en torno al plexo solar o el centro cósmico umbilical, no debía agotarse; quien no era capaz de retenerla, era declarado no apto para emprender el camino espiritual e iniciático. Sólo acumulando la energía, el auténtico iniciado alcanzaba la inmortalidad.

Siempre hay algo nuevo que aprender de la naturaleza. Consideremos, por ejemplo, al león; antes de que los modernos documentales científicos demostrasen lo contrario, se creía que era un cazador infatigable que deambulaba por la sabana durante horas en busca de comida, pero lo cierto es que el rey de la selva pasa gran parte del día descansando. El hecho es que el león también dispone de un campo áurico, cuyas energías se consumen rápidamente durante la caza. La captura en sí misma no exige más que una mínima parte de la energía requerida para su preparación. La energía del planeta no es ilimitada, como tampoco la que el Sol irradia sobre la Tierra. Todo el universo se encuentra en constante transformación y los elementos que lo constituyen están abocados al cambio. Es más, nuestro sistema solar se halla destinado a agotarse, transformándose en formas de energía inferior, de acuerdo con el tercer principio de la termodinámica (una rama de la física), el cual predice la *muerte térmica* del universo tras cesar cualquier tipo de agitación atómica (aunque, cuidado: este principios sólo puede aplicarse a los universos clausurados, no al cosmos en sentido general). El hombre, al igual que todas las demás criaturas, también deja de vivir, lo que ocurre cuando se agota su reserva de energía vital. Este agotamiento se ve acelerado por las enfermedades.

Los vampiros astrales

Un hombre sano es capaz de transformar la energía cósmica en energía vital e irradiarla en todas direcciones, como un regalo a aquellos que le rodean. Y al revés, quien no es capaz de proporcionar a su organismo una aportación idónea de energía vital, actúa —lo sepa o no— como una esponja, ya que absorbe la energía ajena, comportándose como un vampiro astral. Así, se revigoriza a sí mismo —al menos durante un breve tiempo— a costa del otro, que por su parte padece un debilitamiento áurico.

Quien tiene la mala suerte de topar con un vampiro astral de esta ralea, bosteza, experimenta un cansancio difuso y siente somnolencia. Si detectamos estos síntomas tras relacionarnos con alguien sospechoso, ya sabemos que la próxima vez debemos esquivarlo. También pueden registrarse episodios análogos de agotamiento tras haber participado en una sesión de espiritismo; en este caso, es el médium quien ha actuado como un vampiro astral.

Nuestra estructura áurico-etérica está compuesta de energía y se alimenta de energía, por lo tanto no la despilfarremos.

EL FLUJO ENERGÉTICO DE LA NATURALEZA

La vida es un compendio de energías en continua agitación. Se agotan, se regeneran y palpitan como una marea eterna. La energía del universo se transforma y se diferencia en el aura de cada persona, adaptándose a los diversos cuerpos sutiles. En algunos puntos del aura, la energía se concentra con mayor intensidad, precisamente allí donde el aparato etérico es más robusto y la materia sutil, más densa. En los puntos débiles, ocurre todo lo contrario, el ímpetu del flujo energético se amortigua. Es sorprendente comprobar la inteligencia con que está organizado el cuerpo, tanto el físico como el sutil, al igual que la naturaleza entera —humana, animal, vegetal y universal—. Por lo demás, contemplar la vida se asemeja a observar el espectáculo de una erupción volcánica, en la que todas las cosas son arrastradas por la furia de la lava incandescente, y luego todo vuelve a renacer, la vida triunfa de nuevo.

Nuevas cuestiones
sobre el campo etérico

Según Wilhelm Reich, el célebre científico austriaco, la materia viva se rige por las mismas leyes físicas a las que está sometido el resto del universo, aunque presenta algunas características que no se dan en la materia inerte.

En el periodo comprendido entre 1936 y 1939, Reich emprendió un programa de investigación sobre los orígenes de la vida, a partir de la cual propuso la definición de los *biones*: grumos de energía a medio camino entre la materia orgánica y la inorgánica, producidos por un proceso de calentamiento y de dilatación. Los biones, según Reich, pueden detectarse tanto en los protozoos como en las células cancerosas. El propio autor sintetizó los biones de la hierba, la madera, el carbón, la lana y el hollín. A continuación, se enfrascó en los experimentos sobre los biones «radiantes», obtenidos de la arena marina. Prosiguiendo en su trabajo, Reich llevó a formular la hipótesis de la existencia de una energía orgónica que constituiría el sustrato, o sustancia básica, de todo el universo. Por consiguiente, existe un fluido orgónico, comparable al etérico, que puede ser visualizado y acumulado a través de determinados aparatos construidos por Reich ya en 1940.

La energía primordial orgónica se adueña del espacio universal y anima todas las cosas, al igual que el éter adivinado por los antiguos (la parte más alta y pura de la atmósfera), el cual se consideraba fundamental —hasta que Einstein refutó tal idea— para la propagación de las ondas electromagnéticas. La Tierra flota en un mar de energía orgónica, que organiza la materia en formas cada vez más complejas. De este modo, la teoría de Reich se contrapondría a la hipótesis de un espacio vacío, postulado (o sea, tenido por necesario) por la física moderna. El universo de Reich, por el contrario, está vivo, lleno y palpitante; en el hombre no sería más que una minúscula expresión de esta fuerza.

Así pues, la Tierra, la atmósfera y el espacio que lo rodea están todos impregnados y animados por la energía orgónica o energía etérico-vital. La visión del universo reichiano casa perfectamente con el concepto de energía sutil, así como con la hipótesis de los cuerpos áuricos, o capas sutiles de la materia, que constituyen el cuerpo etérico y el aura vital. Además, el trabajo del científico austriaco y su particular concepción de la fuerza creativa nos ayudan a comprender el origen y la evolución de la materia áurica.

Por todo ello, podríamos imaginar los inicios del cuerpo etérico como una burbuja de jabón, de dimensiones superiores a lo normal, transparente y aún no iridiscente, que se desarrolla en el interior del cuerpo físico. Dentro, en apariencia, no hay nada, aparte del cuerpo físico; por otro lado, al no haber desarrollado todavía sus cualidades latentes, pues no vibra en respuesta a los estímulos externos, no poseería por el momento cromatismo alguno. Cuando la burbuja —o sea, el cuerpo etérico en evolución— empieza a desarrollarse alrededor de la silueta del cuerpo físico, libera unos impulsos eléctricos que le permiten entrar en contacto con la materia cósmica o energía orgónico-etérica, ya descrita más arriba. En este punto, la energía vital penetra en la burbuja, dando origen a la formación de materia luminosa. Esta sustancia luminiscente la penetra poco a poco, impregnándola de energía vital. El cuerpo etérico empieza a teñirse de gris o gris-azul, llegando en ocasiones al rojo-naranja. La envoltura del cuerpo etérico se forma a partir de un flujo de materia animada por un movimiento circulatorio en espiral, de abajo arriba. En este momento, el cuerpo etérico ya no es como una burbuja, sino que adopta su conformación característica y sus colores, que a continuación se harán más intensos. Es entonces cuando cobran forma el aura astral, el aura mental y el aura causal. Al concluir el proceso de desarrollo del cuerpo etérico, este ya posee una silueta precisa, el aura muestra unos colores brillantes y la luminosidad del campo vital se irradia por doquier. El huevo áurico está atravesado y envuelto completamente por unos rayos luminosos o líneas magnéticas muy finas.

La energía externa empieza ahora a fluir dentro del campo vital y, gradualmente, se forma el canal de entrada de la energía cósmica (vórtice coronal), en la parte superior del cuerpo áurico. Al mismo tiempo, en la parte inferior surge también el sumidero de salida de la energía. Ambos conductos áuricos adoptan su forma definitiva, similar a un embudo, mientras que el tejido áurico-etérico, rociado por energía pránica, pierde rigidez. Hay que destacar que la evolución y transformación de la materia áurica guardan una relación muy estrecha con las diversas fases evolutivas del hombre al que esta pertenece. El conjunto de elementos que constituyen el aura vital se funden e interactúan entre sí. El mecanismo áurico, ya casi completo, vibra en el océano etérico, estableciendo un haz de consonancias energéticas de las que no solemos ser conscientes. Aunque la estructura de las capas áuricas se encuentra en continua evolución, podemos afirmar que la parte más importante de su desarrollo ha concluido.

La cosmología de Reich aplicada al aura vital

El prototipo de acumulador orgónico tenía el tamaño de una caja de puros, revestido por una sustancia sintética de origen vegetal (celotex) por fuera y forrada por dentro con chapa metálica. Reich estaba convencido de que la materia orgánica era capaz de atraer y absorber la energía cósmica, mientras que el metal la reflejaría. Este primer modelo fue empleado por el científico con el fin de experimentar con los influjos del acumulador sobre unos ratones afectados de tumores.

Un tiempo después, Reich construyó para la experimentación sobre seres humanos un acumulador de dimensiones superiores. Uno de los primeros fenómenos que se produjeron en su interior fue un aumento de la temperatura, acompañado por una luminiscencia cambiante del gris-azul al púrpura. Dado que todo ello no podía ser explicado por las leyes de la física tradicional, Reich realizó una serie de experimentos que le permitieron demostrar su hipótesis sobre la existencia de la energía cósmico-etérica. Descubrió que la energía cósmico-etérica concentrada en el acumulador reforzaba el campo energético del organismo y resultaba eficaz para combatir las biopatías, es decir, las patologías provocadas por un bloqueo crónico de la energía vital, como cáncer, hipertensión vascular, esquizofrenia, epilepsia, esclerosis múltiple, etc.

Resumiendo: la energía del acumulador no sólo normalizaba y potenciaba el flujo regular de la fuerza vital, sino que curaba los desequilibrios de la estructura etérica y áurica provocados por un bloqueo energético o un estancamiento de energía. Todo ello, gracias a la renovación de las energías sutiles. El científico también estableció que, tal como se dijo al principio del libro (véase pág. 17), la energía cósmica se caracteriza normalmente por su color azul, aun cuando puede desplazarse al púrpura y al blanco, en función de la concentración y la intensidad del flujo orgánico. Asimismo, los colores de los fenómenos de nuestro planeta dependen de la energía cósmica: el azul celeste de los lagos y el marino de los océanos, la *gasa* azulada que aletea alrededor de las montañas vistas en la lejanía, el gris intenso y azulado de los huracanes o la fosforescencia verde-azul de las luciérnagas. También el protoplasma (la materia de la que se componen las células animales y vegetales) es azul, las bacterias son azules y también las estructuras de los glóbulos rojos y los protozoos (organismos unicelulares visibles al microscopio).

Según Reich, esta coloración azul se debe a la energía cósmica, cuyo color en estado natural es azul, verde-azul o gris-azul. El tono básico del cuerpo etérico —ya lo hemos comentado— es azul, verde-azul y, en ciertas circunstancias, rojo púrpura o naranja. Por otra lado, en el acumulador de Reich la luminiscencia se manifestaba al principio de color gris-azul, y luego se volvía cada vez más azul hasta alcanzar una tonalidad purpúrea. Además, en la cámara orgánica se podían ver los rastros luminiscentes de las cargas elementales de energía cósmica que se mueven en el espacio con un movimiento giratorio. Reich llamó a este movimiento *onda rotatoria*.

Por consiguiente, la energía vital puede ser observada y medida, además de utilizada, ya que tiene una existencia concreta, real. Esta forma en el espacio —el cual, según Reich, está lleno y no vacío— un océano de color gris-azul, o verde-azul, a través del cual se propaga un movimiento ondulatorio. En este océano, se pueden crear «puntos de acumulación», produciendo por ejemplo, una descarga electromagnética que lanza una partícula subatómica a alta velocidad o, como vimos, mediante un acumulador orgánico.

Al igual que el aparato áurico-etérico, el océano cósmico también es luminiscente. Por otro lado, como quiera que los elementos constitutivos del aura vital se compenetran, las cargas de energía cósmica también se atraen, se superponen, entran en contacto y se funden en las corrientes del océano cósmico. Reich llamó a este intercambio energético *superposición cósmica*. De este modo, surge un núcleo de nueva materia que crece gradualmente, rodeada por un campo de energía vital. Estos núcleos, y la acumulación de corrientes energéticas superpuestas, forman las galaxias, que no son más que capas de energía implicadas en un mismo intercambio energético. El descubrimiento de Reich demuestra que todas las cosas están conectadas entre sí.

No es posible negar la estrecha analogía que hay entre aura y galaxia; se trata en ambos casos de un núcleo rodeado e impregnado de energía vital, cuyas capas se superponen y se compenetran. En sustancia, el campo vital es una especie de galaxia en miniatura cuyo centro es el cuerpo humano.

El campo energético humano puede definirse como el conjunto de todos los campos o emanaciones del organismo, debidas a procesos psíquicos. Recordemos que, al igual que la luz posee una naturaleza doble —ondulatoria (esto es, energética) y corpuscular—, el cuerpo etérico también puede ser considerado como una manifestación tanto energética como material. Si consideramos la materia desde esta perspectiva, hay que decir que está compuesta por partículas que forman, como en las galaxias, corrientes energéticas que se denominan *bioplasma*, por analogía con el *plasma* estelar. En física, el plasma es un estado de agregación de la materia, muy parecido al gaseoso, aunque formado por moléculas ionizadas; se le puede considerar como el cuarto estado de la materia, distinto al sólido, líquido y gaseoso.

Otra analogía entre aura y galaxia consiste en su típico movimiento en espiral. Según el científico austriaco, los cuerpos celestes se mueven acordes con el océano cósmico, describiendo un conjunto de trayectorias en espiral. Por tanto, su movimiento no es circular, según afirmaba Copérnico, ni elíptico, tal como decía Kepler. La Tierra, por ejemplo, como cualquier otro planeta, oscila dentro de una corriente galáctica y está dotada de un campo de energía cósmica, o envoltura orgónica, en forma de disco, que gira más rápido que el propio planeta. La envoltura orgónica imprime a la Tierra un movimiento rotatorio, de oeste a este sobre el plano ecuatorial, por tanto en torno al eje norte-sur, justo como las ondas que transportan una pelota. Entretanto, la Tierra sigue avanzando en el espacio u océano cósmico:

de la combinación entre el movimiento de traslación y el de rotación, surge el movimiento resultante en espiral, como se ha dicho. Así pues, recorriendo las trayectorias en espiral los cuerpos celestes se acercan y se alejan mutuamente, aunque nunca vuelven a ocupar la posición anterior, como en cambio ocurriría si recorriesen las órbitas. Asimismo, la energía que impregna el aura, a través del embudo o vórtice coronal, está animada por un movimiento en espiral.

En este punto, podríamos establecer una comparación doble: entre el cuerpo etérico (que rodea el cuerpo físico del ser humano) y la Tierra, y entre la estructura ovalada áurica y la envoltura orgónica (que rodea la Tierra). El embudo coronal del huevo áurico representa el polo norte del campo vital, mientras que el sumidero, o conducto de salida, corresponde al polo sur. La envoltura ovalada gira a mayor velocidad que el cuerpo etérico, así como el orgónico gira a mayor velocidad que la Tierra. Por tanto, el huevo áurico no sólo rodea el etérico, sino que lo hace girar, creando el equilibrio que sustenta la estructura áurico-etérica: esto permite que la irradiación del cuerpo áurico se propague por todo el universo. El aura vital, a semejanza de un cuerpo celeste, fluctúa, ondea y se halla inmersa en las corrientes energéticas que se mueven en el océano cósmico de la energía vital.

LOS RESULTADOS DE LA INVESTIGACIÓN DE REICH

Los resultados de la investigación de Reich demuestran que el hombre no sólo está compuesto por los mismos elementos que el resto del universo, sino que, además, encierra en su interior los principios vitales que han originado toda la creación. Su estructura áurico-etérica, por otro lado, es análoga a la de los cuerpos celestes y las galaxias.

El mundo y el ser humano están invadidos por una fuerza creativa e inteligente que organiza constantemente todas las formas de la vida.

Chakras: los siete puntos radiantes del hombre

Hemos visto (en el capítulo «Ejercicios para la lectura del aura», véase la página 51) que con cada intersección de los *nados*, o canales que transportan el prana, se corresponde un punto significativo para la vitalidad del hombre *(puntos de dinaminación)*; los más importantes son los siete chakras, conocidos como *plexos energéticos*, *centros radiantes* o *puntos radiantes* que, colocados a lo largo de la columna vertebral, guardan una estrecha relación con el aura vital. Chakra significa *rueda* en sánscrito, es decir, vórtice de energía.

Los puntos en que se hallan los siete chakras principales son:

- la base de la espina dorsal;

- los órganos genitales;

- la parte inferior del abdomen;

- la parte superior del tórax;

- la garganta;

- el entrecejo (tercer ojo);

- la sumidad del cráneo.

Los chakras interactúan con los siete niveles energéticos del cuerpo humano (véase págs. 60 y siguientes) y su estructura se extiende tanto por la parte delantera como por la trasera del hombre. Imaginemos a un hombre de perfil, con los centros radiantes visibles tanto por delante como por detrás, similares a unos pequeños embudos sutiles: el chakra se alojará en el aparato áurico-sutil por la parte más estrecha, mientras que la parte más ancha cumplirá la función de recoger la energía del campo energético vital (energía cósmica vital). La energía, absorbida y metabolizada por cada uno de los chakras, se traslada hasta la parte del cuerpo más próxima. Esta energía no es más que la sustancia pránica, a la que nos hemos referido varias veces (véase el capítulo «El aura: energía vital interior», en la pág. 21). Cuando un chakra no desempeña su función de una forma correcta, la inyección de energía se ve obstruida y los órganos del cuerpo ya no pueden ser alimentados correctamente por sus respectivos chakras. Si esta disfunción se prolonga en el tiempo, se producirá un debilitamiento que puede desembocar en una enfermedad.

Los siete chakras, pues, están alineados junto a los centros nerviosos esenciales. Esta alineación delinea el llamado *eje áurico*, comparable al eje norte-sur de la Tierra, y se divide en tres partes: *Sushumna, Ida* y *Pingala*.

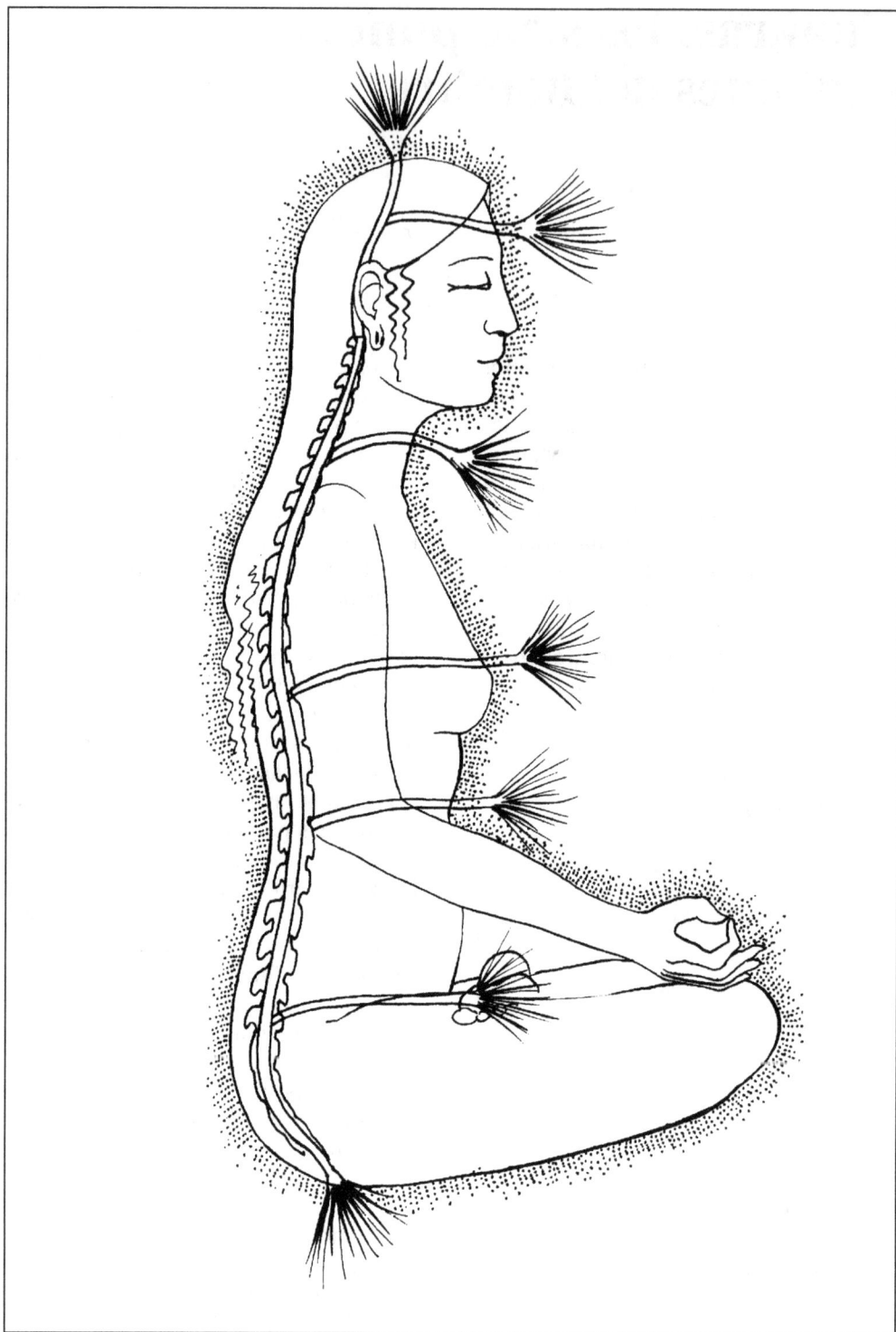

Chakras: visión lateral

Propiedades de los chakras

PRIMER CHAKRA

El primer chakra —en sánscrito, *Sahasrara padma* que significa loto de los mil pétalos— se halla en la sumidad del cráneo, donde hunde su punta.

Este chakra proporciona energía al ápice del cerebro y al ojo derecho. Para los místicos orientales, este chakra es la sede de la consciencia psíquica y del conocimiento directo; su tarea consiste en integrar la personalidad y la espiritualidad.

No debe confundirse con el centro coronal de la envoltura ovoidal, respecto a la cual ocupa una posición más baja.

El correlato anatómico del Sahasrara padma es la glándula pineal, que Descartes definía en su obra *Tratado del hombre* (1677) como la sede del alma racional y, por ello, como el área de elaboración de las sensaciones. Según los hopi, una tribu amerindia, este canal representa la puerta a través de la cual el recién nacido recibe la vida y se comunica con el creador.

Después de la muerte, por este mismo punto se marcha la vida que por aquí había entrado.

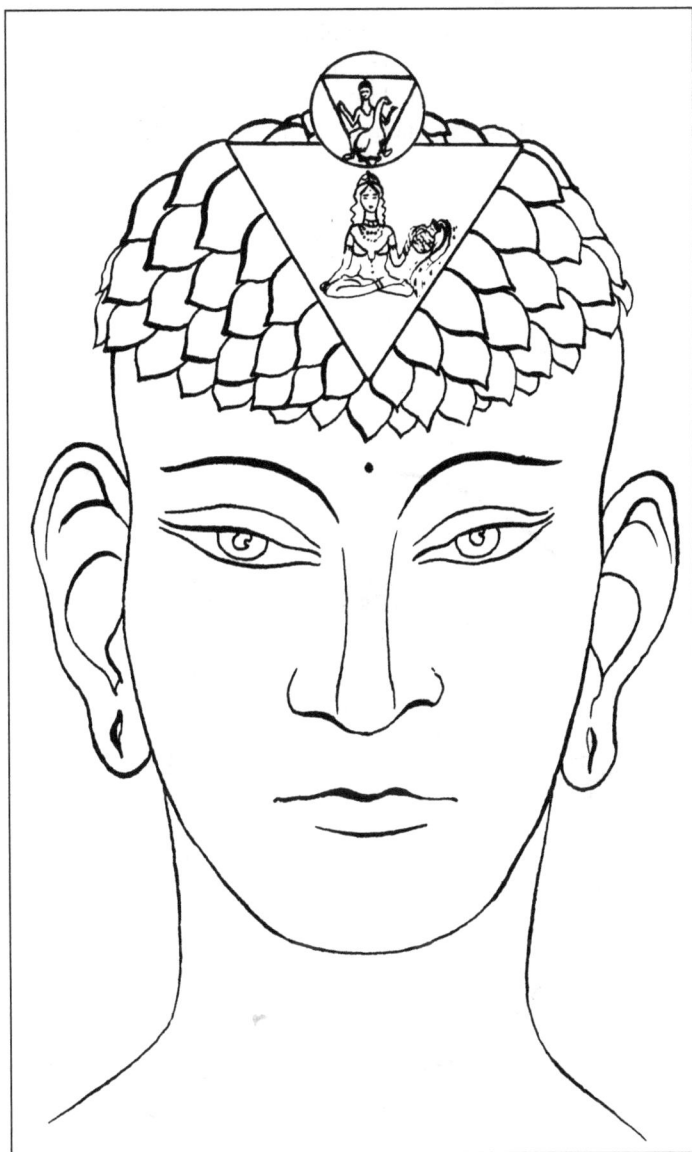

El segundo chakra —en sánscrito, *Ajna* que significa tercer ojo, o loto de los dos pétalos blancos— se halla en el entrecejo: es el tercer ojo, mediante el cual se desarrolla la segunda visión propia de los videntes. Ajna penetra en el interior de la cabeza, proyectándose hacia Sushumna, la parte superior del eje áurico. El segundo chakra alimenta de energía la hipófisis, la base del cerebro, el ojo izquierdo, las orejas, la nariz y también el sistema nervioso; además, gobierna el sentido de la vista. El correlato anatómico de Ajna es la hipófisis.

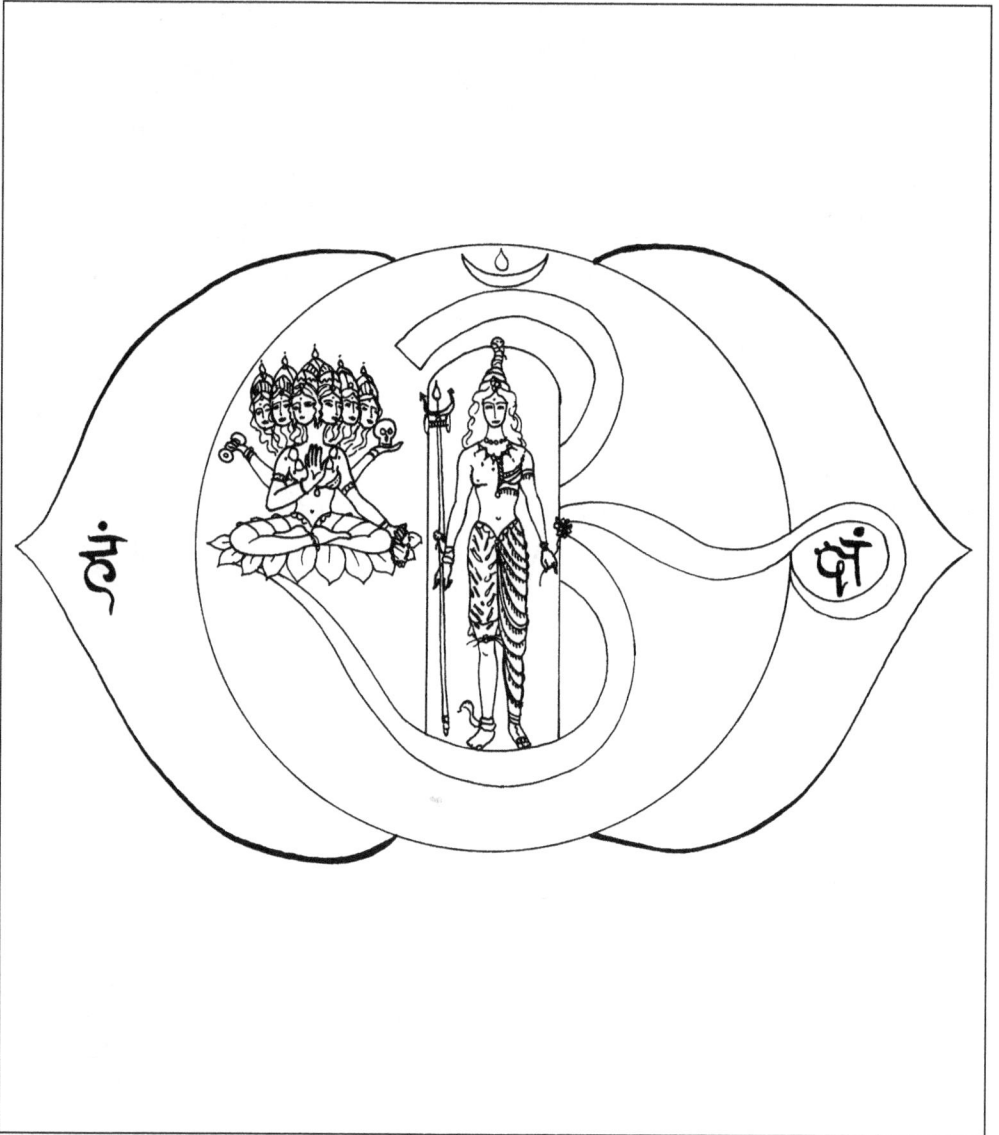

El tercer chakra —en sánscrito, *Vishudda* que significa loto de dieciséis pétalos de color púrpura— se halla a la altura de la garganta, con el vértice junto a la tercera vértebra cervical. Proporciona energía a la tiroides, a los bronquios, los pulmones y el tubo digestivo; gobierna el oído, el olfato y el gusto; es responsable de la agudeza de oído, tanto a gran distancia espacial como temporal.

El correlato anatómico de Vishudda está formado por el conjunto de la glándula tiroides y las glándulas paratiroides.

El cuarto chakra —en sánscrito, *Anahata,* que significa loto de doce pétalos de color carmesí— se encuentra a la altura de la quinta vértebra torácica.

Proporciona energía a todo el área cardiaca, al sistema circulatorio y a los vasos sanguíneos. Se asocia con el amor y la voluntad, y evita los daños causados por una exposición excesiva al aire.

En otro tiempo, se creía que este centro radiante permitía al hombre desplazarse por el aire y penetrar en otros cuerpos.

El correlato anatómico de Anahata es el timo (glándula endocrina).

El quinto chakra —en sánscrito, *Manipura* que significa loto de los diez pétalos grises— se halla en el plexo solar, con el vértice a la altura de la cúpula del diafragma, entre la decimosegunda vértebra torácica y la primera vértebra lumbar. Inyecta energía en los siguientes órganos: estómago, hígado, vesícula biliar, páncreas, bazo y sistema nervioso. Remite a la comprensión intuitiva y evita los daños provocados por el fuego.

El correlato anatómico de Manipura está compuesto por el conjunto del centro umbilical y el páncreas.

El sexto chakra —en sánscrito, *Svadhist-hana* que significa loto de los seis péta-los encendidos— se halla encima del sa-cro, con el vértice apuntando al centro. Proporciona una gran cantidad de energía tanto a los órganos sexuales como al sistema inmunitario, evita los perjuicios derivados del agua y preside la sexualidad y la emotividad.

El correlato anatómico de *Svadhist-hanma* está formado por las glándulas suprarrenales.

El séptimo chakra —en sánscrito, *Muladhara* que significa loto de los cuatro pétalos rojos— se halla en la región del coxis, con la punta hacia la juntura entre el coxis y el sacro. Proporciona energía a la espina dorsal, las glándulas suprarrenales y los riñones. Rige el sentido de la posición del cuerpo en el espacio, el tacto, la voluntad de vivir y la reproducción, así como la facultad de levitar (capacidad de flotar en el aire). De la mano de Muladhara, se puede controlar la respiración, la mente y el líquido seminal.

El correlato anatómico de *Muladhara* son las gónadas.

Hay que destacar que en el séptimo chakra reside la energía secreta conocida con el nombre de *Kundalini-shakti*. Despertándola mediante la utilización de determinadas técnicas yóguicas, Kundalini asciende por Sushumna-nadi y activa los distintos chakras, es decir, todas las energías psíquicas del hombre y su poder oculto. Cuando Kundalini alcanza Sahasrara padma chakra, se entra en estado de trance, con la consiguiente disminución de todas las actividades biológicas. El estado letárgico es una consecuencia del éxtasis unitivo con la armonía cósmica, de un estado de liberación.

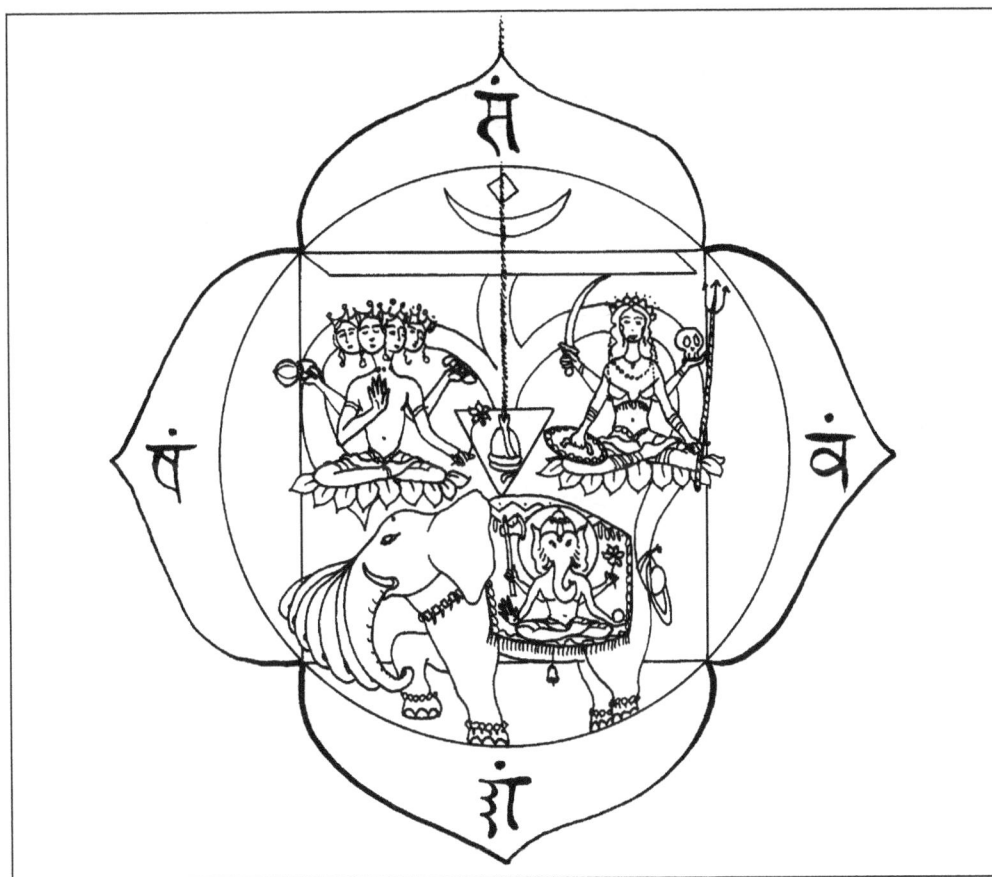

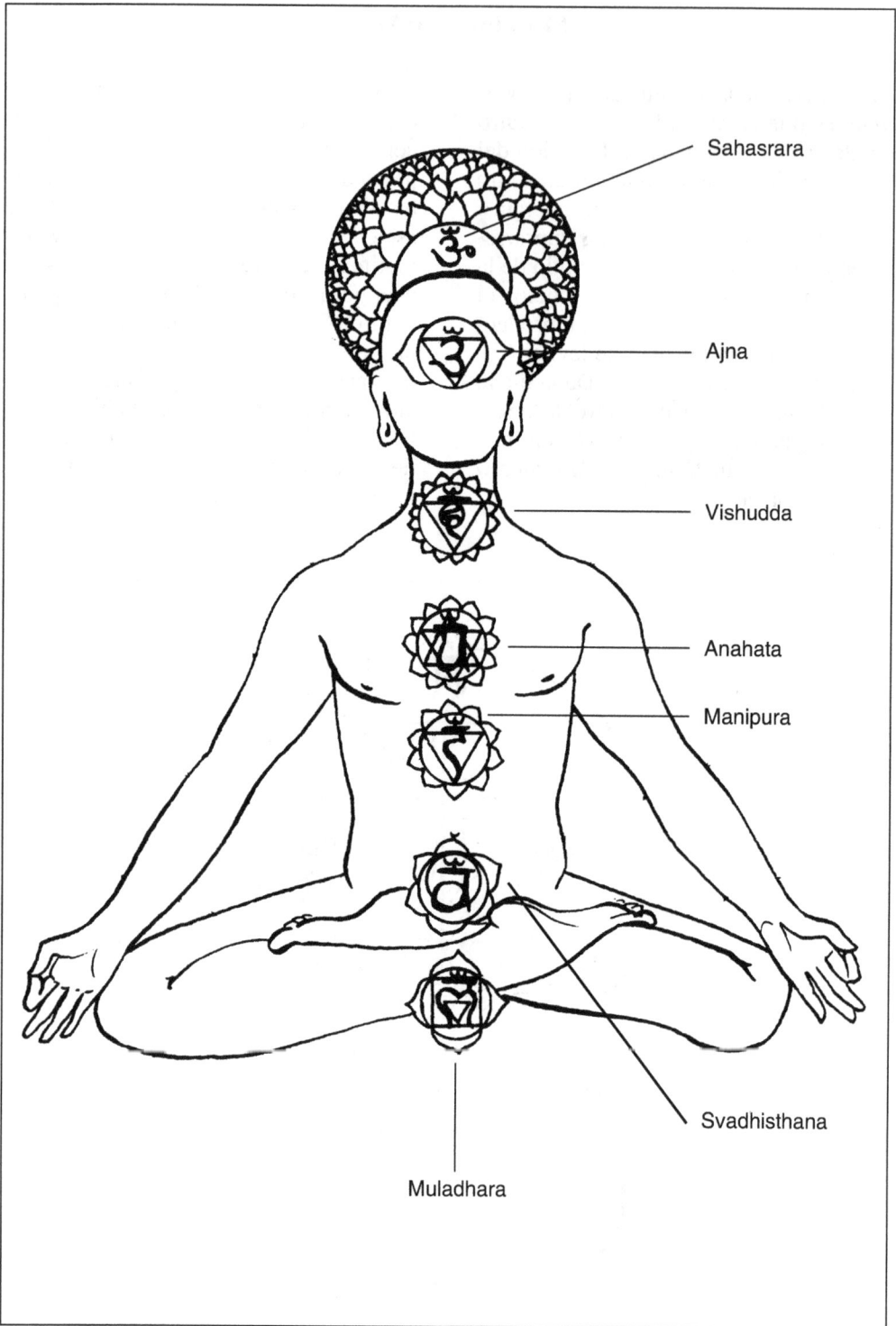

Los chakras: visión frontal

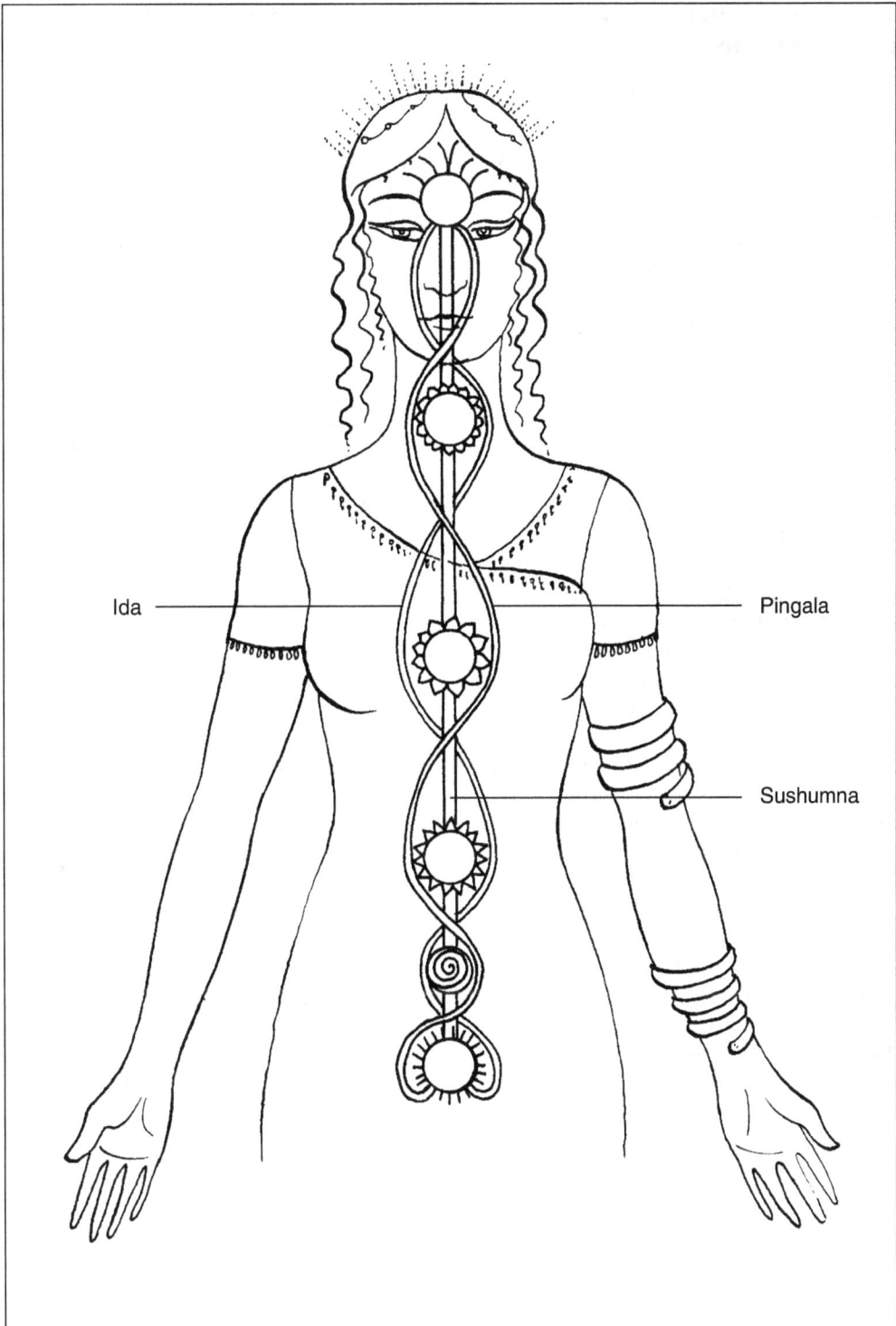

El eje energético de la espina dorsal y las tres desviaciones: Sushumna, Ida y Pingala

Funciones y metabolismo de los chakras

Según una teoría elaborada por el doctor David Tansely, experto en radiónica y autor del libro *Radionics and the subtle anatomy of man*, los siete chakras principales se encuentran allí donde los nados se cruzan veintiuna veces. Por otro lado, en el equilibrio del campo áurico asumen una cierta importancia otros veintiún chakras menores, distribuidos de la siguiente manera: uno delante de cada oreja, uno sobre cada seno, otro en el cruce de ambas clavículas, uno en las palmas de las dos manos, uno debajo de las plantas de los dos pies, uno detrás de cada ojo, uno a la altura de cada gónada, uno junto al hígado, uno conectado con el estómago, dos con el bazo, uno al lado del timo y otro en la zona del plexo solar. La función de estos chakras es llevar la energía del universo hasta el campo áurico, en concreto hasta aquellas zonas del cuerpo que le corresponden. Estos chakras menores, entre siete y ocho centímetros de diámetro (el de los chakras principales es de entre diez y catorce centímetros) se hallan a unos dos centímetros del cuerpo físico.

Según el doctor Tansely, los chakras menores se forman en los puntos en que los nados se cruzan catorce veces. Estos centros menores también interactúan, al igual que los chakras principales, con los siete niveles áurico-energéticos. Cree Tansely que los puntos principales a los que alude el arte médico de la acupuntura corresponden a estos minúsculos vórtices de energía.

Los chakras asumen tres funciones principales: la primera, vitalizar el cuerpo áurico y, por tanto, también el físico; la segunda remite al desarrollo de diversos aspectos de la conciencia, puesto que cada chakra está conectado con una función psicológica concreta; la tercera y

última es transmitir energía entre los distintos niveles del aura. Todos y cada uno de los chakras del cuerpo etérico se relacionan de una forma directa con el cuerpo astral que rodea e impregna todo el cuerpo etérico, mientras que los del cuerpo mental remiten a sus réplicas del cuerpo causal.

Así pues, podemos pensar que el hombre es como una esponja sumergida en un océano de energía, que absorbe gracias a los *poros* de los chakras. Cuando la energía cósmica afluye a cada chakra, se forma un vórtice de absorción: los siete chakras principales, los veintiuno menores y otros aún más pequeños son puertas que permiten que la energía entre y salga del aura.

El intercambio energético está condicionado por nuestras emociones, que determinan el volumen de energía que penetra en los chakras, operando una mayor o menor apertura de los mismos; como es obvio, cuanto más abiertos estén los chakras, mayor será la cantidad de energía absorbida. La apertura no debe ser excesiva, ya que un cuerpo y una mente que no estén preparados para recibir un aflujo considerable de energía pueden resultar dañados. Y al revés, una escasa aportación de energía al sistema áurico-etérico altera las percepciones, genera una distorsión de la esfera afectiva y provoca con el tiempo la aparición de diversas patologías, tanto físicas como psíquicas. La apertura de los chakras, pues, debe ser proporcional a las verdaderas necesidades del individuo, las cuales varían en función de su estado evolutivo; así, cuanto mayor sea el nivel de evolución espiritual de una persona, mayor será la cantidad de energía que puede absorber.

En términos generales, puede decirse que los chakras deben abrirse lo justo para mantener un correcto metabolismo (o recambio energético), tanto del aura vital como del cuerpo físico. No por azar, las enfermedades se deben a desequilibrios o bloqueos del flujo energético.

El equilibrio de los chakras

Cada chakra se representa simbólicamente por una flor de loto, que posee cierto número de pétalos. El chakra Sahasrara-padma, el primero de los siete centros radiantes, se compone de mil pétalos. El segundo chakra, Ajna, se forma de dos pétalos. Vishudda, el tercer chakra, presenta dieciséis pétalos. Anahata, el cuarto chakra, doce pétalos. El quinto centro, Manipura, posee diez pétalos y el sexto, o Svadhisthana, seis. Por último, el séptimo chakra, Muladhara, se compone de cuatro pétalos.

Los pétalos del loto representan los pequeños vórtices que giran a una velocidad vertiginosa alrededor del núcleo central del chakra. Por lo tanto, el movimiento rotatorio se transforma en una suerte de vibración energética que interactúa con la estructura áurica. Cuando, por ejemplo, se dice que el tercer chakra, Vishudda, tiene dieciséis pétalos, se alude a que presenta dieciséis rotaciones, dieciséis pequeños vórtices de energía o, mejor dicho, frecuencias energéticas básicas.

Dado que los chakras cumplen la función de conferir vitalidad al cuerpo, puede establecerse —según se dijo— una relación entre estados patológicos y chakras. Como también vimos, cada chakra se encuentra en relación con una glándula endocrina y con uno de los plexos nerviosos centrales. Esto explicaría cómo es posible que, incidiendo adecuadamente sobre un centro radiante en concreto, se pueda en ciertos casos prevenir la aparición de una dolencia y, en otros, atenuar sus efectos, siempre que se ataje en cuanto aparezca. La meditación, así como ciertas técnicas respiratorias, el yoga e incluso las artes marciales son los medios con que se puede incidir sobre los chakras, reequilibrándolos y favoreciendo la recuperación del estado fisiológico (en lo que respecta al cuerpo físico) y el equilibrio etérico (por cuanto atañe al campo áurico).

Cuando los centros radiantes funcionan regularmente, absorben la energía orgánico-cósmica (energía del campo universal), la descomponen en sus diversas formas y la transportan por los canales energéticos (los nados). Una vez llega a las glándulas endocrinas, la energía se transmite hasta la sangre, cuya función es la de alimentar los tejidos.

Consideremos, por ejemplo, el séptimo chakra que, al estar relacionado con la Tierra, afecta al sentido práctico de las personas. Si este chakra está bien equilibrado, el individuo mantendrá una buena relación con la Tierra y sus energías telúricas; será una persona bien enraizada, con una vitalidad poderosa y una voluntad marcada.

Y al revés, el mal funcionamiento de este chakra puede provocar problemas de adaptabilidad, fomentando la tendencia a vivir fuera de la realidad. Sin embargo, el séptimo chakra puede ser reequilibrado utilizando las técnicas a las que hemos aludido brevemente. Esto nos ayudará a establecer un contacto más idóneo con las fuerzas terrígenas, lo cual nos permitirá asumir nuestras responsabilidades.

Aun con todo, la funcionalidad de los chakras no debe ser excesiva. Tomemos ahora el séptimo chakra, e imaginemos que funciona perfectamente, aunque de forma exagerada. En tal caso, la persona mantiene una buena relación con la Tierra, aunque desproporcionada. Por tal razón, tenderá a considerar únicamente el aspecto material de las cosas, perdiéndose en los detalles técnicos.

Los colores de los chakras

Al igual que el aura vital, también los chakras poseen su propio cromatismo. El primero, alojado sobre la cabeza, es de color blanco, resplandeciente e intenso; el segundo, situado en el centro de la frente, justo encima del entrecejo, es de color púrpura; el tercero, que se halla en el centro de la garganta, es de un color azul celeste; el cuarto, colocado en la zona cardiaca, es de un verde brillante; el quinto chakra, radicado en el centro umbilical, es de color amarillo-oro; el sexto, que descansa sobre el sacro, es de color rojo-naranja; por último, el séptimo, a la altura del coxis, es rojo vivo.

El movimiento rotatorio de los chakras suele darse en sentido horario; si es así, hablamos de una vibración positiva.

En caso contrario, cuando se produce un estancamiento de la sustancia energética, el chakra empieza a girar en sentido antihorario, generando una vibración negativa. Por otro lado, el estancamiento energético resta su esplendor al aura, pues su cromatismo depende directamente de la energía vibratoria. También puede ocurrir que las alteraciones sufridas en un primer momento por un solo chakra se transmitan a continuación a los demás, como una reacción en cadena. De este modo, todo el sistema áurico puede verse abocado a un desequilibrio, que se transmite también al cuerpo físico. Pensemos, por analogía, en los efectos devastadores que puede tener una simple jaqueca, que en ocasiones llega a paralizar cualquier tipo de actividad.

El cuerpo de luz: aspectos áuricos espirituales

El hombre siempre ha tenido la convicción de que, más allá del cuerpo físico, existe una estructura más brillante que se funde con el cuerpo material y cuya existencia persiste tras la muerte del cuerpo físico. Para expresar este concepto, se han utilizado los nombres más dispares, como *cuerpo sutil*, *cuerpo energético* y *cuerpo de luz*.

De este modo, se ha fraguado la hipótesis de que en el hombre conviven tres vertientes: la física, que incluye sensaciones, pensamientos y sentimientos; la sutil, que concierne al flujo de energías que se estructuran dentro del cuerpo; y la cósmica, en que la experiencia de lo concreto se hace universal.

Estos tres aspectos del ser humano se corresponden con tres cuerpos: el físico, que es el único que posee forma y densidad claramente definidas; el sutil, que carece de densidad pero sí tiene forma; y el cuerpo cósmico, que no tiene ni densidad ni forma, lo que significa que existe al mismo tiempo en cualquier sitio.

El cuerpo físico representa la base del cuerpo sutil y este último, a medida que se desarrolla, se convierte en la base del cósmico. Gracias al proceso de evolución de ambos cuerpos, el sutil y el cósmico, cobra vida el cuerpo de luz.

El primer estadio de dicha evolución se manifiesta mediante los colores del cuerpo sutil; en el segundo, el nivel físico se transfigura por completo y sólo permanece un cuerpo ilusorio, una entidad distinta pero inmaterial que es el cuerpo de luz.

Universalidad del concepto de cuerpo sutil

En todas las épocas, culturas y religiones, así como en todas las doctrinas herméticas, puede detectarse el rastro del concepto de cuerpo sutil. En Oriente, la idea del cuerpo de luz se remonta a los albores de la civilización, siendo desarrollada posteriormente por las diversas tradiciones religiosas, filosóficas y científicas. En Occidente, por el contrario, y a pesar de haberse llegado a formular un concepto equivalente, su desarrollo se vio frenado y, posteriormente, recusado por el racionalismo filosófico y científico.

Rastros de esta concepción pueden detectarse por doquier. Los antiguos egipcios llamaban a este cuerpo de luz *Ka*; en Israel era conocido como *Manna* y, en la tradición cabalística, tomaba el nombre de *luz astral*. En la tradición hinduista, *Ranaa*; en el lenguaje de los sufíes, *Baraka*. Por lo que respecta al mundo occidental, en la antigüedad clásica era el *numen* griego o la *medicatrix natura* de los romanos; los alquimistas del medievo lo denominaban *fluido vital*. En China, era el *qi* y en Japón, *Ki*. En Polinesia, *mana*; en Indonesia, *kerei*; en Sumatra, *tondi*; en África, *mungo*; en el Congo, *blima*,

LEYENDAS Y MITOS SOBRE EL AURA

El interés por el campo magnético del hombre tiene orígenes remotos y alrededor del campo áurico han florecido multitud de leyendas, que han dejado huella en la mitología clásica y en las religiones. Como es sabido, en toda leyenda siempre hay un trasfondo de realidad.

En la Biblia está escrito que, cuando Moisés descendió del monte Sinaí llevando consigo las tablas de la ley, estaba envuelto por una luz extraordinaria, intensa y brillante, capaz de cegar a quien lo miraba. Al parecer, el místico carmelita san Juan de la Cruz sufría el mismo fenómeno al recogerse para rezar. Los santos medievales solían ser representados dentro de una nube luminosa.

También se cuenta que el aura de Buda tenía una extensión de nueve kilómetros, hasta el punto de que sus discípulos podían advertir su presencia a una considerable distancia.

En numerosos textos sagrados de Oriente, las grandes figuras religiosas, los maestros y los sabios eran, y son representados como seres que desprenden una luz deslumbrante. También en este caso, la referencia al aura vital es evidente.

Incluso el mito de Jasón y el vellocino de oro encierra elementos conectados con el aura. De hecho, el vellocino es la representación del campo vital humano, y su búsqueda no deja de ser una hermosa metáfora; se trata de una forma indirecta de aludir a la búsqueda de uno mismo y de la propia naturaleza, oculta en el aura.

Hay razones para creer que los colores de la indumentaria y de la tez de los personajes representados durante la Edad Media obedecían al color áurico del individuo que los inspiraba. Del mismo modo, las coronas y ornamentos de los reyes medievales no eran únicamente símbolos de poder, sino que configuraban el centro coronal áurico y el aura vital.

Los sacerdotes del antiguo Egipto solían ponerse sombreros especiales que, en realidad, aludían al aura vital. Asimismo, la sotana de los curas representa el centro universal, el Espíritu Santo y el centro áurico.

En los textos sagrados, pues, en la mitología y en el arte antiguo hay referencias precisas al aura humana, lo cual es indicio de que el hombre siempre ha sido consciente de la emanación etérica.

En los sistemas de pensamiento contemporáneos, para designar la esencia del cuerpo sutil se recurre a varios términos que podemos considerar equivalentes: bioplasma, energía etérica, energía cosmo-eléctrica, energía biocósmica, energía orgónica, etc.

etc. Sin contar con la variedad de denominaciones adoptadas por las tribus amerindias ya que los iroqueses lo llamaban *orenda*; los algonquianos, *manitu*; los sioux, *waken*; los omaha, *wakonda*; los crow, *maxpe*; los navajo, *digin*; los apache, *dige*, y los hullo, *chcasaw*.

Simbolismo de las tradiciones religiosas

El investigador Frank Waters ha demostrado que las tradiciones de los distintos pueblos encierran una misma concepción fundamental, aunque su superes-

Cuerpo de luz

tructura mitológica desarrolle nombres diferentes.

Por ejemplo, los siete acantilados de los mayas, las siete cavernas en forma de seno de los aztecas, los siete barrancos de los tarahumara, las siete grutas de los hopi o las siete aldeas ancestrales de los yaqui representan los siete chakras del hombre.

También aparecen referencias a los chakras en los sistemas religiosos tradicionales del mundo occidental. Por ejemplo, hay un pasaje en el Nuevo Testamento que alude claramente al chakra Ajna (Tercer Ojo): «Cuando tu ojo está sano, también todo tu cuerpo está luminoso; pero cuando está malo, también tu cuerpo está a oscuras» (*Lucas* 11, 34; traducción de la Biblia de Jerusalén). Esta afirmación alude a la activación del tercer ojo y al desarrollo de la segunda visión, que es la del vidente. La apertura de este centro colma de luz al individuo, llenándolo de fuerza divina.

Sin dejar el simbolismo cristiano, la cabeza representa la sede de la vida y gobierna los demás miembros. Esta concepción se emparenta con la idea de que el chakra Sahasrara es el encargado de controlar todos los demás chakras.

Tanto en la cultura religiosa occidental como en la oriental, el corazón está considerado como el centro que contiene la esencia del ser humano, su parte más sagrada.

Algunas representaciones del arte religioso cristiano demuestran tener un conocimiento esmerado del cuerpo sutil: los santos y los ángeles aparecen con su aura, un campo luminoso que les ciñe la cabeza. La energía purificada se representa con los colores del oro, similar a una llama, o compuesta por los colores del arco iris.

En la oración cristiana se reza: «Oh, Señor Jesucristo, ten piedad de mí, pecador». Al parecer, estas frases tienen una función parecida a la de los mantras yóguicos. De hecho, la repetición de palabras y sílabas sagradas ejerce un efecto peculiar de acumulación energética. La plegaria, repetida de manera constante, se desplaza de la mente a la garganta y, por último, se instala en el corazón, donde su poder resulta amplificado. El recorrido de la oración en la profundidad del corazón corresponde a la apertura de los chakras del cráneo, la garganta y el corazón: Sahasrara chakra, Vishudda chakra y Anahata chakra.

En el budismo, la práctica de la plegaria se traduce en tres acciones humanas fundamentales: el pensamiento, la palabra y la compasión. La apertura completa de los chakras hace posible la experiencia trascendente, en la que el hombre se funde de manera completa con la energía divina. Este estado superior, que los hindúes denominan *nirvana*, es el éxtasis místico que lleva al conocimiento de Dios. Por los mismos motivos, en la doctrina cristiana el concepto de Espíritu Santo que infunde en el hombre la energía divina desde lo alto, evoca la apertura del chakra Sahasrara situado encima de la cabeza, gracias al cual la energía divina puede fluir por el aparato áurico-etérico.

Según el taoísmo, la creación del cuerpo de luz es resultado de un proceso de gestación, similar al del cuerpo humano. Una vez consumada la fecundación interior, son necesarios nueve meses para el nacimiento del vehículo sutil (embrión de luz). Al cumplir veinte años, se estructura un cuerpo superior, ya maduro, compuesto de energía pura que, a su vez, constituye el primer eslabón de desarrollo del cuerpo inmortal: el espíritu. El taoísmo considera que los siete centros radiantes se hallan en el interior del cuerpo físico, y en íntima comunión con él. El cuerpo energético, una vez plenamente formado, se constituye en una creación independiente y autónoma. Desde la perspectiva taoísta, es preciso desarrollar el cuerpo energético (alma) antes de que el espíritu empiece a cobrar forma. El cuerpo energético representa, por ello, un nexo intermedio aunque esencial, pues preside la formación del cuerpo de luz o vehículo inmortal, que el hombre utiliza tras la muerte física. Se convierte en el medio de transporte para la exploración postrera del universo, que es el objetivo último del camino espiritual.

El proceso alquímico de la tradición hermética, definido como *fusión de los cinco elementos*, esto es, unificación de los cinco elementos (agua, metal, fuego, madera y tierra) que se alojan en el interior del cuerpo, remite evidentemente a esta concepción taoísta. La primera parte del proceso implica la purificación de las energías emotivas mediante el recurso a los tres cuerpos, que en el sistema taoísta son el cuerpo físico, el cuerpo energético y el cuerpo espiritual. En el cuerpo sutil se produce el proceso de fusión propiamente dicha, que permite purificar las energías emotivas.

El taoísmo relaciona cada órgano del cuerpo humano con un estado emocional determinado; los riñones, por ejemplo, se relacionan con el miedo; el hígado, con la ira; el corazón, con la crueldad; los pulmones, con la angustia; el bazo, con las preocupaciones y los estados de disociación mental, etc. Esto significa que determinadas emociones negativas tienden a acumularse en ciertos órganos específicos. Durante todo el proceso de fusión, las emociones son trasladadas hasta las zonas de almacenamiento del cuerpo sutil. A continuación, se funden en el ombligo, dando origen a una energía más equilibrada y superior. En la fase final del proceso, las energías purificadas retornan a los órganos que las habían suscitado. Tras la fusión, todas las emociones negativas experimentan una transformación radical en la que el miedo se transforma en serenidad; la ira, en buena educación; la crueldad, en respeto; el desequilibrio, en armonía y la angustia, en dignidad. Así, aquellos estados emotivos que al principio eran negativos se transforman en cualidades cósmicas espirituales elevadas, gracias a un trabajo interior que implica a los tres cuerpos.

Tras la muerte física, según la concepción taoísta, el cuerpo físico y el cuerpo energético se disuelven: el primero, casi de inmediato, mientras que el energético continúa viviendo durante mucho tiempo antes de desaparecer. El cuerpo de luz (cuerpo divino), por el contrario, está destinado a sobrevivir eternamente. Cuando muere el cuerpo físico, el cuerpo energético y el cuerpo de luz se desprenden y se disuelven en el cosmos. En el momento en que también el cuerpo energético se disgrega, transformándose en un polvillo cósmico, el cuerpo de luz, o vehículo espiritual, completamente libre, se expande en la divinidad y se funde de nuevo con lo Absoluto: la luz se reúne con la luz.

Puede establecerse una relación directa entre el proceso de transformación espiritual taoísta y la concepción occidental y cristiana de la muerte: cuando un persona fallece, se dice que ha exhalado el último suspiro. La palabra suspiro alude al *soplo vital*: por tanto, significa que el aura se desprende del cuerpo para emprender el viaje hacia el infinito, que el cuerpo de luz se expande en el cosmos para fundirse con la energía divina.

Así pues, el cuerpo de luz adopta en todas las épocas y en todas las culturas una importancia primordial, puesto que representa la esencia del espíritu que palpita en todos y cada uno de los seres humanos. A continuación, reproducimos las palabras del vidente Jackson Davis, en las que describe la visión que tuvo de cómo se separó el cuerpo luminoso del cuerpo de una mujer:

Una apacible atmósfera espiritual se desprendió de la cabeza de la mujer y la rodeó como una vaporosidad argéntea. Vi cómo esa atmósfera se iba volviendo cada vez más centelleante y transmitía una gran agitación. Entonces, lentamente, vi los débiles contornos de otra cabeza que se disponía a adoptar una silueta muy distinta. Los rasgos de la nueva cabeza iban ganando cada vez más claridad, densidad y luminosidad. Cuanto más se concretaba la cabeza espiritualizada, más rápidamente se disipaba la atmósfera centelleante.

Estupefacto, y con una sensación de sublime piedad celestial imposible de describir, observé cuanto ocurría: así, poco a poco cobraban forma, sucesivamente, la nuca, los hombros, el pecho; por último, todo el cuerpo espiritual, exento de cualquier defecto orgánico, se elevó en ángulo recto por encima de la cabeza de los restos mortales. Antes de desprenderse para siempre del cuerpo físico, pude ver entre los pies del cuerpo espiritual y la cabeza del cuerpo físico moribundo una corriente relampagueante de electricidad vital. El cuerpo de la difunta pasó entonces a la habitación contigua, llegó al exterior y se dirigió hacia la atmósfera.

(Publicado en *Il Giornale dei Misteri,* mayo de 1974).

Más allá de la veracidad del hecho concreto, de la cual no tenemos motivos para dudar, subyace en esta descripción un sentimiento poético que no puede dejarnos indiferentes.

Experimentos

Son muchos los experimentos que se han realizado con objeto de verificar la existencia del aura vital. Algunos merecen especial atención por su rigor científico, como los llevados a cabo por el doctor Kilner hacia el año 1920.

Los experimentos de Walter Kilner

Walter Kilner era ingeniero jefe del hospital de Santo Tomás de Londres cuando descubrió, de una forma totalmente casual, un extraño fenómeno: si se observan los cuerpos de las personas a través de unos filtros azules especiales teñidos con dicianina (compuesto químico a base de guanidina y diciandiamida), se puede percibir una especie de emanación vaporosa. Además, descubrió que esta nube persistía incluso cuando el lugar en que se desarrollaba el experimento se llenaba de corrientes de aire, variaciones de temperatura o campos electromagnéticos.

Llegó a la conclusión de que ello se debía a las propiedades ópticas del filtro, las cuales agudizaban la sensibilidad de la vista más allá de la barrera del violeta, límite superior del campo de las frecuencias electromagnéticas visibles. Sin embargo, las frecuencias del ultravioleta son, precisamente, las de la luz que desprende el aura humana. Sólo una de cada cuatrocientas personas era capaz de observar este fenómeno.

Continuando con sus investigaciones, el doctor Kilner percibió con claridad la existencia de tres capas distintas del aura: la primera se extendía hasta unos seis o siete centímetros más allá de la silueta del cuerpo físico; la segunda, hasta unos treinta centímetros y la tercera, hasta unos sesenta. Hay que destacar que, en aquella época, Kilner no se sentía interesado por las ciencias herméticas, ni tenía presente la sustancia etérica que describen los textos de teosofía o de misticismo oriental.

Sin abandonar el método científico, Kilner realizó pruebas con un centenar de personas, llegando a las siguientes conclusiones:

a) el halo (aura) varía en función de cada persona;
b) su intensidad, color y tamaño son distintos;
c) el aura de las mujeres es diferente a la de los hombres;
d) el aura de los niños es diferente a la de los adultos;
e) el aura de las embarazadas es distinta a todas las demás;
f) el aura de los enfermos es distinta a la de las personas sanas.

En concreto, el aura de una persona enferma pierde su color y presenta manchas en las zonas afectadas del cuerpo físico. Observó que el aura poseía unos caracteres más acentuados alrededor de la punta de los dedos y que si los dedos de una mano se ponían en contacto entre sí y luego se separaban lentamente, el aura tendía a permanecer en el vacío, formando una especie de puente. El puente no se desvanecía hasta que las manos se hallaban a una distancia de medio metro, como mínimo. Walter Kilner observó, por último, que las características del campo áurico dependían al parecer del estado emotivo, mental y vital de cada persona, antes que de sus aptitudes morales.

Los experimentos de Cleve Backster

Las investigaciones realizadas por Cleve Backster, un técnico electrónico que construía por encargo del gobierno de Estados Unidos un prototipo de máquina de la verdad (cuyo funcionamiento se basa en la detección de los potenciales eléctricos de la piel en respuesta a determinados estados emotivos, sobre todo cuando mentimos), presentan un especial interés.

Este investigador demostró que existe una interacción entre el campo etérico del hombre y el de las plantas. Para ello, aplicó los electrodos de la máquina de la verdad en algunas plantas, con la esperanza de poder determinar su estado emocional: en efecto, las plantas respondían de distinta manera si uno se les aproximaba en actitud amistosa (por ejemplo, para aspirar su aroma), o agresiva (por ejemplo, quemar sus hojas con un cigarrillo encendido). Estas percepciones obedecían al intercambio energético entre el aura del investigador y el cuerpo etérico de la planta.

Medición de la energía Qi

El doctor Zheng Rongliang, de la Universidad de Lanzhou, en China, logró medir la energía Qi que irradia el cuerpo humano.

Con ayuda de un detector biológico, cuyo principio de funcionamiento se basaba en la detección de la emisión luminosa, de baja frecuencia, de las *venas* de una hoja, la sometió a la exposición del campo vital del sujeto en examen y controló, mediante un aparato especial, sus emisiones.

De este modo, pudo conocer las emanaciones del campo energético de un maestro de *Qi Gong* (antigua práctica de salud china) y compararlas con las de un vidente, percibiendo una notable diferencia entre ambas.

Sin salir de China, en el Instituto Atómico Nuclear de la Academia China de Shanghai, se descubrió que las emanaciones de fuerza vital procedentes de maestros de *Qi Gong* presentaban, además, un componente sonoro, de una frecuencia muy baja y fluctuante.

En otros casos, sin embargo, la energía vital se manifestó como un flujo de micropartículas de unas sesenta micras (una millonésima parte de milímetro) de diámetro, que se movían a una velocidad aproximada de veinte a cincuenta centímetros por segundo.

Energía etérica y radiónica

A mediados del siglo XX, el matrimonio formado por George de la Warr y Ruth Drown, pioneros de la ciencia radiónica, diseñaron un instrumento capaz de captar y medir las radiaciones de los tejidos biológicos, en general, y de las radiaciones etéricas, en particular. De este modo, pudieron emitir diagnósticos médicos a distancia, a partir del análisis de apenas un cabello de un paciente. Con su método, llegaron a detectar tumores, quistes en el hígado, focos de tuberculosis, etc. En consecuencia, quedó demostrado que el material orgánico conserva memoria de todo el cuerpo etérico de un sujeto enfermo. En efecto el análisis del campo de un cabello proporcionaba información suficiente como para determinar la presencia de un tumor, por ejemplo, en el estómago.

Los descubrimientos de Leonard Ravitz

El doctor Leonard Ravitz, de la William and Mary University de Estados Unidos, realizó hacia 1959 una serie de experimentos sobre la energía vital, a partir de los cuales pudo concluir que el campo energético del hombre está expuesto a variaciones que dependen de su estado de salud mental. Según Ravitz, existe un campo energético conectado con los procesos de formación y elaboración del pensamiento; por ello, controlando, en un periodo determinado de tiempo, las variaciones del campo energético, puede formularse un cuadro de la evolución psicosomática del sujeto a examen. Con toda probabilidad, este investigador estaba refiriéndose al aura vital y al campo etérico.

Los experimentos del doctor Becker

Veinte años después, en 1979, otro científico, Robert Becker, de la Upstate Medical School de Siracusa en Estados Unidos, dio un nuevo paso adelante.

Así, logró trazar un mapa del campo eléctrico que circunda el cuerpo humano y vio que su forma era una réplica de la del cuerpo físico, si bien estaba sometida a alteraciones en función de los cambios fisiológicos y psicológicos del paciente. También la intensidad del campo está sujeta a cambios. Robert Becker denominó a este campo *Direct current control system*, y estableció que se debía a unas partículas eléctricas en movimiento, del tamaño de los electrones.

Robert Becker demostró, una vez más, que vivimos en un mundo transido de campos energéticos: campos energéticos vitales, campos eléctricos provocados por las actividades cerebrales y de pensamiento, etc. Pero, sobre todo, Becker demostró con una base científica, junto con los investigadores que le precedieron, que el hombre no sólo está compuesto de materia, sino también de energía sutil que es el aura vital.

Conclusiones

Nuestro viaje al reino del aura concluye aquí. Sin embargo, la investigación prosigue más allá de las páginas de este libro, por dos razones: primero, porque toda investigación carece, por definición, de final; y segundo, porque las palabras no pueden por sí mismas describir el secreto de la vida. Sin embargo, no dudamos de que el lector, al llegar al final del libro, se encuentre en el camino correcto para comprender una realidad de la que, hace unos días, apenas sospechaba la existencia. Ahora, tras aclarar las cuestiones de fondo más importantes, sabe lo que debe hacer para convertirse en un investigador activo y emprender una aventura que cambiará su vida a mejor. Aprenderá a conocerse a sí mismo y a ver a los demás bajo una nueva luz; no sólo como un ser de carne y hueso, sino como criaturas de luz inmersas en un océano de energía que fluctúa en el infinito. Su sabiduría adquirirá, a partir de ahora, un giro más práctico y positivo, incluso en el ámbito de sus relaciones sociales, ya que podrá ayudar al prójimo a comprender que existe en el hombre algo de celestial, que no debemos arrastrar en las bajezas de la guerra y la injusticia.

Escribir este libro ha sido para mí motivo de gran alegría, que espero haber podido comunicar al lector. A todo aquel que ha compartido mis emociones, quiero expresarle mis mejores deseos para que halle el cabo de la madeja en la cual, a veces, parece aovillarse la verdad. Sin embargo, el lector sabe a estas alturas que la auténtica dificultad no procede de las criaturas, sino de nosotros, que con demasiada frecuencia somos incapaces de interpretar los signos.

Acabo mi comunicación con el lector, con la conciencia del hecho de que un hilo sutil de luz nos une más allá del tiempo y el espacio.

www.ingramcontent.com/pod-product-compliance
Lightning Source LLC
Chambersburg PA
CBHW080538090426
42733CB00016B/2622